Kant. Eine Einführung

康德入门

[德] **赫伯特·施耐德巴赫** 著

姜勇君 校

中国出版集团 东方出版中心

图书在版编目（CIP）数据

康德入门 / （德）赫伯特·施耐德巴赫著；姜勇君译. -- 上海：东方出版中心, 2025. 7. -- ISBN 978-7-5473-2757-9

Ⅰ. B561.31

中国国家版本馆CIP数据核字第202517MX04号

Kant. Eine Einführung

By Herbert Schnädelbach

©2018, 2023 Philipp Reclam jun. Verlag GmbH.

Simplified Chinese Translation Copyright ©2025 by Orient Publishing Center.

ALL RIGHTS RESERVED.

上海市版权局著作权合同登记：图字09-2025-0530号

康德入门

著　　者　[德]赫伯特·施耐德巴赫
译　　者　姜勇君
责任编辑　陈哲泓
装帧设计　陈绿竞

出 版 人　陈义望
出版发行　东方出版中心
地　　址　上海市仙霞路345号
邮政编码　200336
电　　话　021-62417400
印 刷 者　上海万卷印刷股份有限公司

开　　本　890mm×1240mm 1/32
印　　张　7
字　　数　104千字
版　　次　2025年9月第1版
印　　次　2025年9月第1次印刷
定　　价　59.80元

目　录

康德，现代的经典哲学家

2004 年是伊曼努尔·康德（Immanuel Kant）逝世200 周年，人们以各种各样的方式纪念了他。这是一个多么呆板且新教气息浓郁的名字呀！不像莫扎特或歌德的名字那样让人心生温暖，而是使人敬畏且胆怯。康德的艰深晦涩让人捉摸不透：谁已经清楚"先验"这个词是什么意思？或者，谁已经清楚康德用传说中的"自在之物"意指什么？此外，对于很多人而言，康德是一个挥舞着道德戒尺的哲学家，据说他要求为义务而义务——典型的德国式——并因此甚至被归入法西斯主义的预备史（参见 Ebbinghaus 81ff.）。最近一段时间，他还被视为理性主义怪物，人们说，他的履历表明了过多的理性会引向何处（参见 Böhme/Böhme）。

总而言之，有关康德晚年那些昏聩的奇闻轶事，迄今都是用来抵御他并摆脱他的阴影的："瞧，他也只是一个人！"因此，公众对他的纪念与其说出于喜好，倒不如说出于义务，一种遵循一般文化日历的大众传播义务，因为遗忘这样一个精神伟人不太光彩。

在哲学讨论中，情况则完全不同；人们不需要提醒参与讨论的人回忆康德。在这里，他无处不在，确切地说，这种在场带有一种不太容易解释得清的不言而喻性。如果将柏拉图排除在外（他的情况也与此类似），那么如下事实将会引人注目：我们的那些"伟人"，从亚里士多德到黑格尔、尼采和海德格尔，没有哪个能够像康德那样，无可争议地要求在我们自己的思想语境中具有发言权，因此研究康德的著作充满了整个图书馆；不是研究使康德保持生命力，而是康德滋养着学术研究，并因此养活了无数研究者。对此歌德和席勒曾有言："竟有这般一位富者，能养活那么多乞丐！如果国王们大兴土木，那么零工们就该有事可做了。"（Goethe I，210）康德的著作超越了此后一切自称为哲学革命的事物，尽管这些著作植根于 18 世纪，但总一再被证明它们是无法超越的。不是说我们可以简单接受他给出的一切回答与对策，而是说康德之所言直到今天都要求人们反复认真倾听；没有哪个哲学家像康德那样，如此经常地"被超越"，却又立即重新不容忽视地请求发言。

不希望过时的东西，我们称之为"经典"。在这个意义上，柏拉图是不折不扣的经典哲学家；归根到底，我们通过柏拉图才知道什么是哲学。我们阅读柏拉图不是因为他那些早已让人无法信服的建设性理论，而是因为其著作所具有的那种谜一般取之不尽的力量，它激发和丰富着我们自身的发问。其实那些哲学问题或许才是最好的部分。就此康德写道："知道应该以理性的方式询问什么，这已经是智慧或明智的一个重要且必要的证明。"（B 82）而他自己以四个著名问题的形式提供了这种证明，他认为全部"哲学领域"都可以归结为这四个问题："我能够知道什么？我应当做什么？我能够希望什么？人是什么？"（Log A 25）这是一些经典问题，因为研究哲学的人都无法回避。但与柏拉图不同，我们无法对康德所教导的东西置之不理；他所给出的那些回答与我们密切相关，因此从康德还活着的时候开始，没有哪个重要的哲学家能够不首先研究康德，即使他想要拒绝康德的理论。因此，我们不得不将哲学史分为"前康德"时代和"后康德"时代，而如果我们不想单纯成为哲学史家，那么我们所有人都要在"后康德"时代思考，这就是说，在由他所确定并教导我们去尊重的那些条件下思考。

因此，康德是我们这个时代的哲学经典作家——现代的经典哲学家。然而，康德并非在"正好流行"这个意义上是现代的；他的思想不是"最新式的"，不是最新与最先进的事物的总和，因为其中很多东西现在已被证明具有时效性，并因此被科学史扬弃。"现代"在这里只能是指我们的文化在近代的进程中最终呈现出来的状态。康德的划时代贡献在于他认识到，"现代性"对于我们的思维、认识以及行动的基本法则之定位的重要意义，而这又涉及问题的形式以及回答这些问题的各种可能性与界限。我们今天能相对没有那么大争议地给出表明现代文化的三个结构特征：*彻底的反思性、世俗性以及多元性*。而在康德那里能够观察到，这三者是如何以简直无法抗拒的方式，也在一种哲学的内部空间得到贯彻，这种哲学出现得正是时候，而它在思维中把握它的时代。

自从有人类以来，他们就作为文化生物而活，但有很长一段时间他们并不意识到这一事实。那样一些文化是反思性的，如果它们懂得将自己与单纯自然的东西区别开来，并以此将自身把握为文化；在各种神话中就已经以一种基本的形式碰到人的世界与一个"外部"之间的区别,而这种区别也是我们熟悉的"自然"这个概念的根源(参见 Schnädelbach 1991,517 f.)。还有一些文化是彻底反思性的,如果它们在自我解释时不再诉诸某种超越文化以及脱离人的支配的东西——不管它是魔鬼、神,还是自然本身。因此,文化在现代在一切事务中彻底只求教自己;它是自己的主体,因为不存在比文化的"我们"更高的权威。尽管如此,康德仍然用第一人称表述经典哲学问题,这一点是无可争议的,因为"我们"这一集合——如果不再次被提升到神话领域——事实上由一些纯然个别者组成,这些个别者之所以能够说"我们",只因为它们能说"我"。因此,自勒内·笛卡尔(René Descartes,1596—1650)开始,近代哲学完全自然地以"我"的自我意识开始:"*Ego cogito,ergo sum*(我思,故我在)",而这是哲学反思的空间,也反映了现代文化的反思性;如果文化正准备接受自己的主体角色,那么其哲学必然是主体哲学。

这里需要注意,个体意识这个方法论的出发点,最初没有被视为对哲学结论普遍有效性的危害,因为直到 19 世纪,人们都相信能够将一种普遍的人类本质作为出发点，它保障了我作为个体在"我思"这个媒介中获得的确切自我认知，对其他所有人也都适用；康德也在这个意义上谈论"一般意识"（Prol A 82），它是哲学的"我们-述说"的担保者。只是通过启蒙的更进一步发展，这种做法才成为问题：通过历史主义，它认识到人们关于自己的认识，总是受限于他们各自生活于其中的历史和文化境况；所以历史主义用"历史意识"替代康德式的"一般意识"，这种意识在认识历史性的同时，将自己理解为一种历史意识（参见Schnädelbach 1983，51 ff.）。

然而，这种方法论的个体主义并非单纯理论活动。如果人们询问，是什么能够使一个从事哲学的人对抗一切常识，而首先彻底退回到他的自我和他的意识，那么我们在笛卡尔那里找到答案：怀疑——不是为了怀疑而怀疑，而是为了寻找一种具有主体确定性的知识。但主体确定性意味着在知识中具有自主权，不依赖于传统和权威的力量，并因此具有强烈的实践指向，也就是在一切事务中保持理性的独立。因此，主体性的理性作为近代哲学原则，必然同时是批判的理性，这种理性不希望接受任何自己都无法理解的东西。康德进而表明，这里必然包含理性的自我批判，就是说，如果没有理性批判就不可能有任何理性哲学；因此就有了他的三大"批判"这样一个宏伟工程——《纯粹理性批判》《实践理性批判》以及《判断力批判》。就这样，1800 年前后在西方开始得到贯彻的文化的彻底反思性，在康德的著作中一直深入到作为我们的理性的哲学尝试解释的东西的内部结构。

彻底反思的文化同时是世俗文化。现世的东西就是世俗的，遗留在神圣之物前院的东西，而文化的现代性原则确实就是如此。在这里，政治权力不再得自上帝的恩赐，它源于人民。法律体系不再是对上帝命令的执行，而是由人制定的法律，甚至在道德领域，宗教也是私人的事情。变得自主的批判理性也是世俗的，近代哲学家们不再像斯多葛主义和经院哲学那样，把这种理性理解为神圣的世界理性的反照，而只将它理解为单纯自然事实；它或许由上帝创造，但这对于理性的自我解释不再有意义。然而，批判理性的这种自主权同时意味着问题和负担。康德将理性批判类比于审判程序（参见 B 779）。因为这是理性自己实施的理性批判，所以它必须身兼多职，它既是原告也是被告，既是辩护律师也是法官；这里没有外部机构引入。这种奇特现象就是理性在世俗条件下彻底反思性的代价，而如果人们彻底贯彻批判理性原则，那么将不可能再有不以自我确证的主体性为基础的客观性——这种处境更使代价变得异常高昂。康德之前的近代哲学家们还对此心怀畏惧，他们在作为最高和必然本质的上帝那里为自己的思维寻找支撑物，他们相信能够证明上帝的存在。我们今天很难估量，当康德表明原则上不可能证明上帝存在时，会给他的同时代人带来何种打击；相比于《圣经》中的上帝，这里更多涉及一种信仰绝对者视角的世界解释的断裂。按照康德，我们只具有我们自己的主体理性，这种理性作为可犯错的理性总是需要批判；现在唯有它必须独自承担我们要求普遍有效性和客观性而加之于自身的重担。

康德自己很难对如下批判性的告别感到满意，即告别他视为独断的也就是不可证明的形而上学；不可能存在上帝，这对他和他的同时代人一样是一个不可理解的想法，灵魂不朽与意志自由也一样，意志自由这个问题，直至今天都因为它似乎使自然法则失效，甚至都不适配于现代世界观。海因里希·海涅（Heinrich Heine）将康德对上帝证明的反驳拿来与法国大革命对比，并发现与此相比处决皇帝反而无伤大雅，因为现在："世界的最高统治者未经证明地在其血液中漂浮。"然而康德最终突然改变了主意，为了安慰他的老仆兰普，他后来又将死去的上帝召唤回来（参见Heine, 250 f.）。自那以来这个传说经常被人提及，但没有因此就变得更加真实。按照康德，上帝、自由和不朽不是科学与道德能够建基于其上的原则，而只是一些假设，就是说，如果我们将自己理解为能够具有科学认识与道德行动的存在者，那么这些假设就不可抗地强加于我们的必然思维。康德是"正直的"，他不会自欺欺人，不会骗取任何没有根据的东西，这一点甚至尼采也承认，他通常与康德保持一种相当矛盾的关系。今天的人们与康德的区别仅在于，丧失对上帝的信仰以及对永恒生命的期待，对我们来说似乎不再显得那么要紧；没有这些我们也能够生活得很好。那么自由呢？最近神经科学家想要劝阻我们放弃自由（参见 Roth/Singer），而只要我们对之保持抗拒，就依然是十足的康德主义者。

但文化的彻底反思性不仅意味着世俗性，也意味着多元性。如果文化首先将自己把握为无须上帝的启示与指令来构造的生活的内在关联，那么对它来说剩下的路无非就是，由自己来创造它的世界解释和行动准则并为之承担责任；但这样一来，这种世界解释和行动准则必然有争议，因为想要参与创作它们的人有很多。因此，现代文化是没有"中心"的文化，即没有不受人支配的"自然的"或上帝所意愿的"中心"；在这个意义上，现代文化是去中心化的，而各种现代文化只是保持为相互协作，并且各种不同文化力量与机构还经常陷入让人受不了的冲突。正是在这个意义上，海因里希·李凯尔特（Heinrich Rickert）在一本于康德诞辰 200 周年之际（1924 年）出版的书中，赞美康德为现代文化的哲学家。在那里，李凯尔特通过详细地重新启用马克斯·韦伯（Max Weber）的西方合理化模型，勾画出一幅现代文化图像，并将如下功绩归于康德：

> 康德是在欧洲第一个建立起那些最一般的理论基础的思想家，这些基础使得科学地回答特别属于现代的文化问题根本上成为可能，而如下事实尤其能够说明这一点：正如在他那伟大的三大批判中所表现出来的，其思想是"批判的"，就是说，是划分并划界的，它以此方式原则上对应于文化的自主化与区别化过程，这个过程自近代开端以来事实上就已经开始，但在康德之前的哲学

中还没有发现它的理论表达。(Rickert 141)

文化的自主化与区别化意味着韦伯所描述的行动体系与价值领域、生活形式与世界观的区别化与自主化，其终点就是"价值多神论"，也就是最终和最高的生活取向的多元论，人的理性必须在其中找到自己的道路（参见 Weber 474 ff.，尤其是 500；也可参见 Habermas I，225 ff.）。

现代文化不再显露出能够统摄所有领域的中心，这一点自现代文化产生起，就以"分裂""异化"或者"中心的丧失"等名义被控诉，在我们的传统中，让-雅克·卢梭（Jean-Jacques Rousseau，1712—1778）是这方面的主要代言人。因此，他成为德国浪漫派以及他们关于整体性与和解的梦想的先驱，这种梦想一直延续到我们今天。这里浪漫派本身就是一种现代现象。它以现代性经验为前提条件；它不是简单否认这种经验，而是希望超越这种经验。因此，在通常情况下，浪漫派愿景与其说是对过去的单纯怀旧式的召唤，倒不如说是对乌托邦的预先畅想。虽不能把德国观念论哲学——其起点不在康德那里，而是首先始于约翰·戈特利布·费希特（Johann Gottlieb Fichte，1762—

1814）并在格奥尔格·威廉·弗里德里希·黑格尔
（Georg Wilhelm Friedrich Hegel，1770—1831）体系中
达到其顶峰——称为浪漫派的，但与浪漫主义共享这
样的特质：既要在概念中把握现代性，也要克服现代
性。与此相反，康德在这里看起来是一个"反思哲学
家"（参见 Hegel 2，25 ff. 以及 287 ff.），正如直至阿
多诺的所有黑格尔主义者所认为的，这就是说，他在
真正的哲学任务——将真理把握为整体（参见 Hegel
3，24）——面前打退堂鼓，并固执地将自己编织进主
体性中。

自那以来，最晚直至我们经历了 20 世纪的灾难
后，我们对整体性的浪漫主义式憧憬应该已经被治愈；
浪漫主义的追随者们大多忽视了如下事实，只有像现
代原教旨主义那样，敌视自由的意识形态才能在这里
提供建议。我们已经领悟到，在现代文化中保障我们
自由的是多元性，甚至是各种原则的对立；而如下观
点会让我们恐惧：一切原则都必须从一种唯一的至上
原则推导出来，并且这个至上原则还尽量应由政治权
力来掌管。在带有原则多元性的现代文化中，我们的
自由在于，自由的一种多元性；各种自由本身立足于
一系列基本差别，这些差别以其对立性的形态构成我

们文化的现代性。应当存在的东西并不遵循存在的东西；就是说，科学并不具有教导我们应做什么的权限。道德与政治自力更生，而理论家的专制被排除在外，这反而意味着科学的自由。道德与政治在它们那方面不需要宗教基础，这又使宗教免去了训斥人的重担。艺术不再是宗教与道德的婢女，将艺术当作宗教与道德工具的做法，在前现代没人有异议，但现在则被视为对美学的亵渎。康德用概念把握了所有这一切，并将之建立在一些迄今都经得起考验的论证之上，在康德之前没人做到这一点；这也是称他为现代的经典哲学家的原因之一。

然而问题是，现代的多元性是否不需要一种内在的凝聚力；事实上，如果我们考虑到各种不同原则之间可能的冲突（而这又经常引发公开的战争），那么这种多元性就不可能是最后的答案。康德的道德原则，绝对命令，为此提供了一个出路。康德的绝对命令自黑格尔（参见 2，461 ff.）以来就一直被痛斥为形式主义，人们声称所有的一切都可以借助它获得道德辩护并上升为义务，即使是违法行为（参见 Ebbinghaus，尤其是 85 ff.）。在"二战"结束后，这似乎解释了康德式的德国人为什么尽职尽责地一直追随希特勒，直至灭亡。绝对命令确实是形式的，它放任我们各自的行动法则——他称之为"准则"，但要求我们检验，我们是否能将这些行动法则当作普遍法则来思考和意愿，只有这样它们才是道德的。这与形式主义不沾边，因为在这种检验中很多准则被当作非道德的而被剔除了。但康德伦理学的形式特征有其优点，即它将我们希望如何生活的决定留给我们自己，我们只是有义务思考，我们的决定是否与他人的自由决定相容，因为他人的自由决定可能会产生不同结果。按照康德，由这些思考产生出一种形式的法权秩序，这种法权秩序不是管束人，而是人们只有在法权秩序下才能保障和平。因此，康德是现代条件下的和平哲学家，就是说，是想要构建一种开启多元性并使之具有活力的和平秩序的哲学家。

这本康德哲学导论，试图以一些规定其思想的重要对立为线索来切入；在这些对立中，文化的现代精神在概念媒介中表达了诉求："科学与启蒙""自在之物与现象""感性与知性""知性与理性""自然与自由""存在与应当""义务与偏好""道德、法权与政治""知识与信仰""理性与人"。所有这一切总是一再挑衅那些"超越康德者"，他们认为这些对立不可能是哲学的最后形态；在这里他们总是忽略，所有上述康德式对立全部表达了我们理性的有限性。黑格尔认为，谁若思考有限性，实则已经走出有限性，因为为了能够思考有限性，必须先行思考无限性。直到今天都有人信服黑格尔的这个论证，因此他们相信能够超越康德。对此必须指出：有限性在现代条件下不再在事实上指向无限性，而最多只是在语法上指向无限性。我们理解"无限性"意指什么，但这还不至于授权给我们将理性视为如下意义上的无限，即我们能够借助于我们的理性，站在具有能够统领一切视角的绝对视角的上帝立场。康德自己甚至承认，我们根本上不得不在思想上关注整体、无限者、绝对者，但不能将此与认识要求联系起来，遑论据此来安排生活。

科学与启蒙

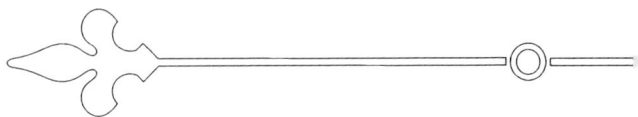

什么是启蒙？

科学与启蒙之关系表达出康德哲学的一个核心问题，这并非显而易见。在我们的文化纪年中，康德生活的时代是那样一个世纪，它在行将结束前不久自称为"启蒙时代"（Aufkl A 491）。"启蒙"自那以来多被用作标记时代的概念；这样一来，启蒙看来像一种历史现象，并因此是一个已经结束的事件（可参见Schnädelbach 2004，66 ff.）。但启蒙实质上是什么呢？按照康德的著名回答，它是"人走出他自己所导致的不成熟状态"（Aufkl A 481），"自己所导致的"这个表达或显突兀，但它与不成熟状态的关联却指出了核心问题。如果人们再援引他的命题，"任何时候都自己思考，这个准则就是启蒙"（Denk A 329），那么下面这一点是清楚的：启蒙不单是一个历史时代的事务，而是发生在人们开始"无需他人引导而使用自己的知性"

（Aufkl A 481）并在思想和行动中争取达到"理性的独立"（Mittelstraß 13）之时。

这种趋势并非始于笛卡尔。我们通常认为笛卡尔开启了现代哲学，他自述在当时经历了有关科学与教育的诸多事情后，"几乎被迫地"发现，他要"自己做自己的引路人"（Descartes, Abh 13）；苏格拉底在对话《克力同》中就已经说："因为并非只是在现在，而是一直以来我都坚持，不听从任何其他东西，只听从在省察中表明自身是最佳的那个命题（lógos）。"（Platon, Kriton 46b）因此，他反对传统力量并彻底遵从自我和内在洞见，而这些传统力量以不信神和败坏青年人之罪名判他死刑；后世也有很多人为此付出生命的代价。他的同时代人不懂得他和智者的区别，智者因为对传统的信念与生活方式采取怀疑和批判态度，而遭同时代人们厌恶；普罗泰戈拉作为它们的第一个代言人，通过逃跑才免遭与苏格拉底相同的命运。人们通常称"智者运动"为"智者的启蒙"；智者绝不是诡辩之徒和江湖哲学骗子——这种名声首先源自柏拉图对他们的论战——而是"一些强大的头脑"（Nietzsche III, 730），他们敢于不再信赖传统观点，而是只信赖自己的判断。

启蒙并非仅在历史意义上显示出文化的反思性过程，这个论断是普遍有效的。但现代启蒙与智术师启蒙的差别在于，它与科学建立了系统联系。智者派则明确回避当时的科学，即所谓前苏格拉底的宇宙论思辨，并要求人们最终只关心人类自身的事务。普罗泰戈拉以他那著名的命题"人是万物的尺度，是存在的事物存在的尺度，也是不存在的事物不存在的尺度"（Platon，Theätet 152a），尝试为这种理论取向提供原则性的辩护；如果"什么存在以及如何存在"在每个人看来都是不同的，那么像在他之前的自然哲学家那样，尝试建立存在者的普遍科学就无意义。我们通过柏拉图了解到，苏格拉底也对自然不感兴趣："田地和树木不想教我任何东西，但城邦中人们或许不一样。"（Platon，Phaidros 230 d）但柏拉图笔下的苏格拉底认识到，如果人类事物领域也只停留于对某个人而言是好的逻各斯，但并非真正最好的逻各斯——那么启蒙事业就是无稽之谈；因此他不断寻找使人的举止行动变得虔诚、勇敢、正义等的真正规定，而按照他的观点，这就是虔诚、勇敢、正义等理念本身。由此产生出我们称为柏拉图理念论的东西，以及后来也延伸到被智者派和苏格拉底忽视的理论哲学领域。因此，柏拉图在他的哲学中尝试将智者派和苏格拉底式启蒙遗产结合于科学性的要求。

康德发现自己处于与柏拉图相似的处境。1781年，在发表他那著名的启蒙论文之前三年，他在《纯粹理性批判》序言中写道：

> 我们的时代是真正的批判时代，一切都必须经受批判。通常，宗教凭借其神圣性，而立法凭借其权威，想要逃脱批判。但这样一来，它们就激起了对自身的正当的怀疑，并无法要求别人不加伪饰的敬重，理性只会把这种敬重给予那经受得住它的自由而公开检验的事物。① （A XI）

批判、批判的检验以及评判——这正是效法苏格拉底和笛卡尔的人所践行的准则，他们坚持自己的洞见，并因此坚持在知识中主体的自主性原则；按照康德，这种态度成为他那个时代的标志。但什么是批判的尺度、评判的标准？如果启蒙在这里只诉诸批判者

---

① ［译注］关于本书引用到的康德作品，译者使用了现行中译本，《纯粹理性批判》《实践理性批判》《判断力批判》主要参考邓晓芒先生译文，其他文本则主要参考李秋零先生译文，但译者会根据书中语境进行一定调整，下不再说明。

的个体或集体的意见与偏好，那么启蒙不会自我瓦解吗？智者派的启蒙恰恰因此陷入怀疑主义，就是说，系统地确信自身的无知状态，尽管这作为惬意生活方式的基础或许能够接受，但不再能够针对带着权力要求迎向主观意见的东西提出有充分根据的论证。康德的理性批判正是对那些标准的探索，理性按照这些标准"自由且公开的"检验一切东西，以便查明它能够对什么东西送上其"不加伪饰的敬重"，而这必定是客观的、对一切理性存在者都有效的尺度。

通过科学启蒙？

然而，现代启蒙一开始就按照"通过科学启蒙"这个原则启程；对它来说，批判的主观视角与科学的客观性如何结合的柏拉图式问题，似乎从未构成困扰。启蒙运动自始就坚持与作为先进科学而出现的东西结盟。但这以对传统科学的批判为前提，这种科学是基督教经院哲学的遗产，这种教条化的亚里士多德主义体系凭借教会权威与近代启蒙者对峙。因此，通过科学启蒙的第一个任务就是批判地区分真正的科学与单纯臆想的科学——这项使命在笛卡尔手中获得典范性解决，其影响直至康德以及他之后很长一段时间：在方法论上对一切能怀疑的东西进行怀疑，以确定什么东西不能怀疑。康德将这种"怀疑方法"描述为"将某物当作不确定的来看待，并将它带到其最高的不确定性，以期循此路径发现真理的踪迹"（Log A 131）。笛卡尔相信在"*Ego cogito*，*ergo sum*（我思［确切地说：我意识到某物］，故我在）"中发现了不容置疑的第一真理，即深植于其自身的主体性，然而他希望能以此为基础建立一种可靠且普遍有效的客观科学体系。

笛卡尔及其后继者——主要是巴鲁赫·德·斯宾诺莎（Baruch de Spinoza，1632—1677）、戈特弗里德·威廉·莱布尼茨（Gottfried Wilhelm Leibniz，1646—1716）和主导康德青年时期德国哲学的克里斯蒂安·沃尔夫（Christian Wolff，1679—1754），——之所以如此确信这条科学之路行得通，是因为他们有"天赋观念"（*ideae innatae*）理论。该理论主张：在我们的意识中能发现一些表象，这些表象既不是通过感官接受而来，也不是由我们自己创造；因此它们具备一种特有的客观性，适合用作客观科学的基础。传统上将这种只有单纯理性或纯粹思维才能通达的知识（一切其他知识都以这种知识为基础）的总体称为"形而上学"，这完全契合亚里士多德"第一哲学"的指称，而康德也沿袭了这种语言用法。因为这种第一哲学仅仅在理性本身中寻找其根据，所以人们也称之为"理性主义的"，而理性主义形而上学则简称"理性主义"。就这样，笛卡尔主义传统相信科学与启蒙之关系终于澄清，并以此为通过科学而启蒙的计划保障了一切成功的希望。

当约翰·洛克（John Locke, 1632—1704）成功瓦解天赋观念论时（参见 Locke I），这种基础就变得脆弱了。洛克的研究也完全是笛卡尔式的，因为他有条理地以意识中不容置疑的首要事实为出发点，只是他质疑天赋观念属于这类事实。我们的一切表象都源于感性经验，这个命题是洛克及其追随者的经验主义（希腊语 *empeiria* = 经验）原则。这里尤其要提乔治·贝克莱（George Berkeley, 1685—1753）和大卫·休谟（David Hume, 1711—1776），康德曾不得不深入研究他们的思想。通过方法论排除一切可疑东西与先入之见而为科学奠基，这个笛卡尔式原则在这里反而被用于笛卡尔主义自身；其形而上学基础本身如今似乎就是可疑的，是一种单纯先入之见；现在看来，通过科学启蒙的计划似乎需要再次自我启蒙。莱布尼茨与萨穆尔·克拉克（Samuel Clarke，1675—1729）围绕天赋观念展开了旷日持久的争论，后者拥护洛克的立场，可以说这场争论主导了18世纪早期的哲学舞台。理性主义与经验主义之争——这是启蒙阵营内部的冲突，实质上取决于人们继续遵循笛卡尔，还是洛克及其后来的追随者。

康德认识到，经验主义立场要付出高昂的代价，因为它事实上无法解释客观科学的可能性。在笛卡尔那里，作为一个存在完满本质的上帝这个天赋观念最终应保证，我们在主观上当作不容置疑的、清楚明确的世界表象来理解的东西，确实如我们所设想的那般真实（参见 Descartes，Med VI）。莱布尼茨区分了理性真理和事实真理，前者是"必然和永恒的真理"，理性在其中领会自己本身、上帝以及世界的真正结构（参见 Leibniz §§ 29 ff.）。如果理性真理也与天赋观念一道被取消，那么意识就彻底退守自身及其单纯表象，这些表象会否与客观世界相关则总是存疑；如此一来，认识无非就在于确定，那些最终只是源于感性经验的观念相互之间是否协调一致（参见 Locke IV，I，§2）。其后果必然导致自然科学遭到怀疑。

科学知识必须可证明，自亚里士多德以来就是明确的，洛克也坚持这一点。但按照他的观点，只有在仅仅涉及我们自己表象的领域——逻辑学、数学和道德理论——我们的知识才是可证明的（Locke IV，IV，尤其是§§3 ff.）。现在我们也具有关于外部世界的表象，这些表象来自经验与观察，并且按照逻辑与数学规则将这些表象联结；然而，我们不可能真正知道这种"证明"是否正确描述了外部世界的结构，因为我们不可能拿它来和外部世界本身对照，这意味着我们要走出表象世界，而这是荒谬的。因此，我们在这个领域必须满足于单纯或然的知识；我们的"自然知识不可能组织成为一种科学"，因此洛克说：

> 至于……一种关于自然物体的完美科学……我认为我们还远没有能力以某种方式达到它，我将对这种科学的追求看作徒劳无益的努力。（Locke IV，III，3 30）

因此，洛克的经验主义在贝克莱和休谟那里发展为质疑客观世界可知性的普遍怀疑主义，这无异于放弃"通过科学启蒙"的计划，自弗兰西斯·培根（Francis Bacon，1561—1626）以来，尤其在笛卡尔那里，"通过科学启蒙"就一直指"通过自然科学启蒙"。恰恰是伽利略和牛顿意义上的数学自然科学为现代的启蒙运动提供了样板，这个样板应该针对经院哲学传统建立其优势；现在所有这一切却沦为单纯的"自然知识"，或者至多只是与客体没有关联的单纯观念建构？

就康德当时对经验主义的了解而言，他首先看不到有什么理由要认同他们的这种确信。他肯定：数学自然科学是既定事实；经验主义对它的怀疑主义式解释不可能正确。在很多年后，康德主张如下观点："在任何特定的自然理论中，唯有包含数学之处才能找到真正的科学。"（MAN A VIII）对他来说，存在这种"真正的"自然科学，但经验主义恰恰无法解释这一点。当涉及一般科学时，经验主义也失灵，因为它的解释始终只能达到个别经验的单纯普遍化，这些个别经验随时可能被新的经验推翻；以这种方式，我们永远不可能达到"真正的"科学。自亚里士多德以来人们就明确坚持，只有关于"普遍者以及各种根据与原因"的知识才能被称为科学的，形式逻辑在这方面给出了"工具论"，也就是方法规范；近代哲学又补充了体系要求：据此，科学的知识必须以欧几里得几何学为榜样，以可靠的第一原则为出发点严格地推导出来，只有这样才能满足普遍性与充足根据标准；只有这样它才是"理性的"。正如笛卡尔已经明确表示的，康德也坚持我们不可能从经验中获得这些原则；如果存在"理性的"科学，就必定存在一种非经验性的"第一"科学，而这在当时的语言用法中恰恰就是指形而上学。

科学与启蒙的紧张关系规定了康德的整个学术生涯。人们说，康德"完成了"启蒙，但此说实属误导。他有能力将现代哲学的两大潮流，即理性主义与经验主义，融合进他自己的体系筹划——不是通过单纯妥协，而是通过批判地权衡两种传统的合理要求；在这过程中，他一开始只是单纯信任"纯粹的"人类理性，后来经历了怀疑主义挑战，最终走上批判哲学的道路。

康德从未彻底信任莱布尼茨—沃尔夫式学院形而上学的理性主义，另一方面，他也从未能够决定彻底投奔经验主义。科学确实存在且道德基础稳固可靠，这对他是毋庸置疑的；关键在于借助"怀疑方法"来批判地查明其基础。

因此，人们可以将康德哲学理解为一种经过改造的笛卡尔主义，它在没有援引天赋观念的情况下，将启蒙的主观视角与理论和实践科学的客观视角结合起来，就是说，它不想像笛卡尔本人那样满足于"暂时的道德"，还对科学地探讨有关艺术和活生生的生命问题感兴趣。没有科学的笛卡尔主义？这或许就是当时的流行哲学所认为的启蒙，这种哲学诉诸常识作为最高权威，并以此推卸一切科学证明的责任，而正是这种科学证明曾为启蒙运动确保其文化影响力。康德总是一再强调，要与这种在"批判的时代"自主化的启蒙保持距离，它正是通过这种自主化来逃避批判。

通过其实践哲学的优先性理论，康德还在另一种意义上延续了启蒙传统。理论最终必须为实践目的服务，这种观念可追溯至希腊智者派，并且贯彻了整个柏拉图哲学，人们有理由说，对柏拉图而言事实上只存在实践哲学。自然科学主要是为服务于人类福利而存在的，这是培根（近代哲学的另一个奠基人）的基本命题，笛卡尔明确赞同（参见 Descartes, Abh VI, §3)，而对于托马斯·霍布斯（Thomas Hobbes, 1588—1679）来说，全部哲学在如下意义上是实践的，即哲学是宗教战争时代保障和平的唯一可信赖的资源（参见 Hobbes, De cive 60)。在康德那里，通过学院概念和世界概念的区分确立了实践哲学的优先性：按照"学院概念"，哲学是"只作为科学而被探寻的认识体系，不关心超出知识的体系统一性的任何东西，因此以认识的逻辑完备性为其目标"。但按照"世界概念"，哲学是"有关一切认识与人的理性的根本目标之关系的科学"，就是说，它涉及"任何人都必定感兴趣的东西"（B 867 及其注释部分）。然后，康德进一步阐明，人的理性的最根本或最高目标是"人的完整规定"，这唯有在道德哲学中才得到讨论（参见 B 868）。

作为科学危机的形而上学危机与批判的理念

在 18 世纪，"哲学"与"科学"这两个概念还没有相互分离；任何有根据且得到系统整理的知识在当时都被称为"哲学"。① 而科学问题与形而上学问题的差异也没有今人看来那样显著，那时形而上学问题被视为科学内部问题；就严格的词语含义而言，这涉及一般科学的可能性问题。因此，康德在很久以前就明确表明，只有理性形而上学及其"理性真理"才能为"理性"科学奠基。但康德这种确信日益动摇。他声称"爱上"（TG A 115）形而上学是他的"命运"，因此形

———————————

① 这方面一个著名的例子是牛顿代表作的标题：《自然哲学的数学原理》（1687）。

而上学绝望的处境给他带来尤其强烈的打击。在《纯粹理性批判》第一版序言中写道："曾经，形而上学被称为一切科学的女王……今天，时代的时髦声音导致她遭到完全的鄙视。"（A Ⅷ）在他看来，使形而上学陷入这种处境的原因在于，理性因其独特本性而处于进退两难的局面：理性必然会提出一些超出其能力而无法回答的问题。它不可避免地会追问知识的第一原理问题；然而，恰恰是这个问题使它超出日常经验常识的领域，由此陷入"黑暗与矛盾"：结果就是"无尽的争吵"，而其战场"现在叫作形而上学"（A Ⅶ f.）。

康德在宇宙论领域发现的理性二律背反，在这一诊断中发挥了特殊作用（参见 Brief an Garve 1798；转引自 Geier 157；也可参见 Irrlitz 242 ff.）；他清楚地认识到，在形而上学的这个自然科学子领域——其中涉及我们的自然知识的第一原则——以严格逻辑的方式，既能证明一个命题，也能证明其反命题。比如，命题"世界在空间和时间上是有限的"，与其反命题"世界在空间和时间上是无限的"。

康德非常形象地以社会政治隐喻讲述了这种处境的史前史。形而上学的统治一开始是"专制的"，因为它掌握在独断主义者手中，这些人简单地做出某种断言，但不用给出充分根据。后来这种专制"因内部斗争渐渐转变为彻底的无政府状态"。"怀疑主义者像游牧民族一样，厌恶一切地上的稳固建筑"，他们当然偶尔会骚扰形而上学圈子，但没有造成某种持久的结果——人们可能会补充：因为他们首先根本没有参与建造科学的"稳固建筑"。洛克试图以谱系学方法澄清那位"女王"的合法性来结束这种混乱处境，但因为他"从普通经验这个贱民那里推导出那个假冒的女王的出生"，并错误地声称形而上学知识归根结底是经验性的，所以独断论的形而上学家们对自己的老观点更坚定了，"就这样，一切又重新陷入那陈旧腐朽的独断论，并由此又回到科学想摆脱掉的那种被蔑视的状态"（A IX f.）。现在，普遍的"厌烦和冷淡，混沌和黑夜之母，笼罩着科学"（A X）。对于康德和自笛卡尔到黑格尔的整个现代哲学而言，严格意义上没有形而上学就没有科学；因此，对形而上学的冷淡态度必然导向对科学本身的漠不关心。如果有朝一日这种情况普遍蔓延，那么"通过科学启蒙"的计划也将失败。

如何才能拯救？答案在于确保科学的核心领域——作为整个科学知识体系根基的首要或最高原理——的科学性。因此，一般科学的可能性问题直接就是作为科学的形而上学的可能性问题。起初的情况是糟糕的。理性主义相信，那种形而上学的知识基础是可用的，但它无法为这种基础提供令人信服的辩护；理性主义只能独断地维护这种基础，而且它在此过程中还陷入各种矛盾——这对于任何所谓科学来说都很致命。经验主义想要"通过人类理智的某种心理学"（A IX），提供能够可靠替代理性主义独断主张的东西，这种尝试必定会失败，因为它无法超出单纯经验的东西；反而重新向"游牧化的"怀疑主义者的进攻敞开大门。结果就是怀疑主义，不是作为按照笛卡尔的样板建立的方法，而是一种哲学立场："*Ignoramus, et ignorabimus*（我们不知道，也不会知道）。"这不可避免地导致对科学本身普遍冷漠。

康德通过研究休谟经历了这种怀疑主义的冲击，他坦言休谟将其从"独断论的迷梦"中唤醒（Prol A 13）。休谟表明，我们关于世界中发生的事情都遵循因果律的确信，无法被证明为客观有效，它归根结底只源于我们对经验的规律性的主观习惯。如果这就是最终的真相，那就不存在名副其实的科学，而只存在洛克"自然知识"意义上的或然知识。

康德感觉到自己受到左右夹击。传统理性主义不合适，只要它是独断的，并因此在科学中产生"混沌"与"黑夜"。经验主义导向怀疑主义，同样不合适，只要我们还有足够理由——比如，牛顿所发现的那些理由——坚持科学的理念。这两个极端只能通过启蒙避免，就是说，依照"要怀疑的方法，但不要怀疑主义"这个原则，将这两派的要求摆到检验台上检验。这样一来，作为方法的怀疑遵循笛卡尔的理念，不仅将怀疑方法用于一切单纯独断的断言，也用于怀疑主义本身，以其人之道还治其人之身。因此，能够穿越于独断论与怀疑主义这两个极端的道路就只剩下一条，康德称其为"批判"之路，而这条路"仅在"体系哲学中"还是敞开着的"（B 884）：在"批判的时代"——两个对立的流派也要听命于这个时代——这是唯一合适的路，因为只有它开启了重新规定科学与启蒙之关系的希望，尽管这种关系已经很成问题。这里必须始终坚持：康德所关心的始终是形而上学之路，而不是简单的现代意义上的"科学理论"；他将理性主义与经验主义理解为形而上学立场，其批判行动是一种审判程序，在这个过程中必须裁决那双方主张的合法性与界限（B 779）。

这种批判只有当它保持体系性时，才能避免成为野蛮游牧民族式的摧毁力量；因此，"作为科学的形而上学何以可能"这个问题就等同于"作为体系的批判哲学何以可能"。在这种意义上，批判的形而上学的工具正是"纯粹"理性，即不依赖于经验的理性本身，因为这里涉及究竟是否有不依赖于经验的认识这一问题，而这个问题显然无法通过经验来解决。由此解释了《纯粹理性批判》书名的著名双重含义：既是纯粹理性对其自身认识主张的批判（属格主谓关系），又是针对纯粹理性的批判（属格受谓关系）。这种反思结构表明，康德意义上的理性其核心是批判理性；他的批判哲学是重新规定科学与启蒙之关系的一种划时代典范，并且正是这一点使我们倾向于将哲学史划分为"前康德时代"和"后康德时代"。

批判理性

只有在科学的科学性得到保障的情况下，"通过科学的启蒙"才可能。对于康德以及直至黑格尔的整个笛卡尔传统而言，"体系统一性就是使得一般认识成为科学的东西，就是说，从认识的单纯集合变成一个体系"（B 860）；因此只有当知识形成一个体系或属于这样一个体系，我们才能称之为科学的。[①] 尽管康德明确反对像笛卡尔和斯宾诺莎那样在哲学中仿效数学家的方法（参见 B 754 f.），但他的体系观也以欧几里得几何学为榜样，因为后者成功地将几何知识回溯到极少数几个原则，并由此出发重构了整个几何学；康德认为这也是理性的一个榜样，理性尝试"从一个原则出发达到认识的体系，就是说，达到各种认识之间的

---

① 有关 1800 年以后体系科学模型被研究科学模型替代的研究，可参见
   Schnädelbach 1983，94 ff.。

内在关联"（B 673）。那么，如何确证这样一种原则？自哲学诞生以来，这就是形而上学的主题；因为在康德看来，人类理性所能做的无非就是追求以一些原则为基础构建知识的体系统一性，所以"自人类理性进行思考以来，或者更确切地说，在它进行反思以来，就从未能够缺少形而上学"（B 870）。因此，驱使康德面对作为科学的形而上学问题的，不仅是对作为一种特殊思维的活动的形而上学的偏爱，更是涉及科学本身，它在体系模型的约束下必然提出形而上学的可能性问题，并且很清楚，这里必定涉及科学的形而上学。

康德解决这个问题的方式深受笛卡尔传统影响。如果说亚里士多德传统中的形而上学是关于存在者的第一原则的科学，那么方法论的怀疑首先要求确保这种原则的可认识性，因此笛卡尔将形而上学规定为关于存在者认识的第一原则的科学（Descartes, Prinz XLI）。但对康德来说，向着进行认识的意识及其认识可能性的回归本身并不是形而上学的一个部分，因为其可能性尚待确证（参见 B 871）；这种回归是"入门［预备性练习］，就一切纯粹先天认识考察理性能力，这就叫批判"（B 869）。因此，对康德来说，《纯粹理性批判》为"任何一种未来能够作为科学出现的形而上学"（参见 *Prol* 的书名）奠定了预备基础。

遵循希腊动词 krinein（区分、判断、审查）的本义，理性批判计划要求康德对作为认识能力的理性做出一些基本区分；其中最重要的是"自在之物与现象""感性与知性""知性与理性"。这三个对立概念的原因与后果，清晰勾勒出了康德批判哲学的基本路线，因为它们不仅对理论哲学是根本性的，更贯穿整个体系；根据康德，它们标识了我们理性本身有效范围的边界，据此必须把我们的理性理解为有限的理性。

自在之物与现象

这里涉及康德最具哲学影响也最有争议的区分。讨论这个区分的著作汗牛充栋，但大多都是批判，其形式各异，既有精深的沉思，也有嘲弄的讽刺。阿图尔·叔本华（Arthur Schopenhauer，1788—1860）说："康德最大的功绩就是对现象与自在之物的区分"，但他"没有……达到那种认识，即现象就是作为表象的世界，而自在之物就是意志"（Schopenhauer I，514），这里"意志"指一种模糊的、非理性的但无所不能的世界根据；据此，康德并没有做到彻底的逻辑一致性，在通往真正哲学的道路上半途而废。相反，黑格尔认为：

> 自在之物（物这个概念中也包含精神、上帝）所表达的是那种从其所有意识表象中被抽象出来的对象本身。因此，人们一再谈到自在之物不可认识的观点，这实在令人费解，因为没有比这更容易理解的了。（Hegel 8，120 f.）

因此，自在之物对叔本华而言是绝对者，对黑格尔而言纯粹是空洞的思维规定；精深沉思的顶峰与纯粹的平庸在这里并存。

费希特在自在之物中看到康德所谓观念论的独断论残余，他认为，为了表达出这种哲学字面背后的真正核心或真实精神，这种独断论的残余必须被清除（参见 Fichte 12 f. 以及 17 f.）；在最后的一些公开表态中，康德曾强烈抗议这种解读（参见 Kühn 478）。

康德所谓将日常现实性与神秘的"背后世界"相对立，这种做法吸引了一些浪漫主义者；他们认为，康德将现象世界视为单纯假象，而用自在之物预示唯一真实的现象背后的世界。相反，尼采批判"背后世界论者"（Nietzsche II，297），并以此也影射康德；他称康德"诡计多端，终究是基督徒"（Nietzsche II，961），因为他如同基督徒一样，将世界划分为一个"真实的"世界与一个"假象的"世界。① 然后，他解释说："真实的世界我们已经废除了；还剩下什么样的世界？或许还有那假象的世界？……但不！与真实的世界一道，我们也已经把假象的世界废除了！"（Nietzsche II，963）

对康德现象概念的普遍解释是：现象作为虚假的外表，其背后隐藏着唯一真实的现实性。这种解释通常情况下与"本质—现象"这对概念联系在一起，并将"事物的真实本质不可认识"这个观点强加于康德。在这个意义上，弗里德里希·恩格斯（Friedrich Engels，1820—1895）与马克思主义传统提出解决康德式谜团的实践方案，并声称如果我们能够在技术上复制自然事物与效应——如化学家复制茜素一样——那么

① 尼采在《敌基督》中展示了针对康德的论战可以走得多远；第11节结束时说："在一切方面都失策的本能，作为本能的反自然，作为哲学的德国式颓废——这就是康德！"

我们也就认识了其本质，这样"康德的'自在之物'难题就解决了"（参见 Engels 19 f.）。阿多诺也在这个意义上理解康德，并将他的"可能的有效认识的界限理论"——这个界限由自在之物划出——解释为认识论的"康德式脚镣""摆在绝对者之前的栅栏"（Adorno 376 以及 379）。此外，对自在之物的另一个重要批判是查尔斯·桑德斯·皮尔士（Charles Sanders Peirce, 1839—1914）的符号学批判，这个批判不是针对自在之物的不可认识性，而是针对这个词所意指的东西的不可理解性（vgl. Peirce I，220 f. und II，453 f.）；就此而言，在整个语言分析传统中，康德的自在之物已经派不上用场——出于意义理论的理由。①

自在之物在康德那里意指什么，这一点人们不太容易从文本中推断出来；某些表述具有多重解释空间，并且事实上让人产生一种印象，即这里涉及熟悉的现象世界背后有一种神秘莫测的东西——比如，当康德谈论现象的"非感性的原因"（B 334，还有 B 522）或"先验客体"（B 522）；而根据另一些表述，自在之物

---

① 参见 Strawson 38—42 以及 156，他将康德的自在之物理论回溯到经验主义"意义原则"，认为康德始终受其束缚。事实上，人们能够表明这种意义理论站不住脚。

似乎是"思想物"（*noûmenon*，希腊语 *noeîn*［"思维"］的分词形式），因此其含义显然转移到理性主义形而上学的一系列重要对象上，即"上帝、自由和不朽"，而这样一来又应与"先验对象"区别开（A 252）。①

但可以确定的是：自在之物在康德那里大多数情况下以复数形式出现，以此意指我们认识的如下意义上的对象，即不依赖于我们的认识而如其所是地存在的对象；在这个意义上，它们事实上是某种纯粹的被思物或本体。相反，我们真正能认识的对象并不独立于我们的认识；它们受制于使我们的认识成为可能的条件。关于这些条件，康德在《纯粹理性批判》中的解释是自我批判的产物。在 1770 年的论文《论可感世界与理知世界的形式及其原则》中，康德持有如下观点，"*sensitive cogitata esse rerum repraesentationes* uti *a patent，intellectualia autem sicuti sint*（感性的被思物如其显现地表象事物，但理智之物如其所是地表象事物）"（Mund §4）。他在这里还不动摇地坚持理性主义传统，这种传统认为我们借助感性只能认识事物的

---

① 这种说法此后为黑格尔那个已经援引过的观点提供了理由："精神、上帝也在［自在之］物之下得到思考。"（Hegel VIII, 120）

现象外观，其本质只能通过思维理解。笛卡尔借助蜡烛的例子已经谈到，只有在精神（mente）中才能理解蜡烛之所是：

> 显然，我所看到的、触摸到的、想象到的（imaginor）都是同一个东西……；但需注意：对于它的理解（perceptio）不是看、触摸、想象，即使它之前显得如此，也从不曾是这些，它仅仅是精神的一种洞见（solius mentis inspectio）。（Descartes，Med II，§14）

康德现在用作为现象的物与自在之物这一对立，替换掉了如其显现的物与如其所是的物的对立，此处"自在"一词表明我们的认识能力无法通达这种物，因为我们的思维要认识对象就必须彻底依赖感性。因此，自在之物是"否定意义上的本体"，我们用这个概念思维那种不是我们感性直观的客体的事物（B 307）；这种单纯被思维的事物不是我们认识的对象。①

---

① Strawson 明确承认本体的这种否定功能，参见前揭书（第 44 页注释）第 42 页。

由此，"现象"一词的含义也就清楚了；康德在上述论文中就将这个概念用来翻译 *phainómenon* 这个词，"古人"以这个概念指称感性对象（Mund §3）。因此，现象是我们能够感性地理解的事物。现象不是假象或单纯幻象，而是我们的感性经验向我们提供的东西，而为了认识它，我们的思维必须进一步规定它："经验直观的未规定的对象叫作现象。"（B 33）因此，与之前的论文相比，康德的新论点是，我们只有在现象领域才能达到认识，而不是在这个界限的彼岸；因此在康德那里，自在之物作为"界限概念"（B 310 f.）起作用，它作为这种否定意义上的概念排除这种彼岸。

值得注意的是，康德自本人早已反对——像至今仍流行的那样——以"内部/外部"或"本质/现象"的方式解释自在之物与现象的关系：

如果那种控诉"我们不能看清事物内部"是指，我们并不是通过纯粹知性把握向我们显现的事物就其自在而言可能是什么：那么这种说法完全不合理且不明智；因为这无异于要求不借助感官就能认识对象，因此就能直观对象……对现象的观察与剖析深入自然内部，而人们不可能知道

这一过程会持续多长时间。（B 333 f.）①

在此之前，康德甚至带着几分倔强地说道："自在之物可能是什么，我并不知道，也不需要知道，因为事物绝不可能以现象以外的方式呈现在我们面前。"（B 332 f.）但由此产生的问题就是，如果自在之物在认识论上无关紧要，那么康德究竟为什么坚持这种区别，并且没有像他之后的尼采那样，与所谓真实的、只能通过思维理解的世界一道，也将"单纯"现象的世界抛弃掉。

感受性

试想一下，如果我们只涉及现象会怎样，那么康德的其中一个理由就清楚了；因为这样一来——如尼采事实上所主张的——关于现象本身的如下表述就变得毫无意义：现象是感性经验中暂未被规定的对象（参见 B 34）。

---

① 康德在这里显然援引了阿尔布雷希特·冯·哈勒（Albrecht von Haller）1732 年的诗作《人类德性的虚伪》："被造的精神无法窥探自然堂奥，/能见其表已是万幸"；歌德也引用了这首诗，并反驳道："自然既无内核/亦无外表，/她既一切，浑然一体。"（》Allerdings. Dem Physiker《，Goethe I，359）

尽管如此，必须明确记住，在这里始终有一个保留：我们对于也作为自在之物本身的这同一些对象，哪怕不能认识，至少还必须能够思维。否则就会推导出荒谬的命题：没有某种显现着的某物却有现象。（B XXVI）

就是说，康德坚持现象概念，因而甚至可能招致一种形而上学的彼岸世界的危险：在现象中显现的东西本身不显现，因为我们只具有在我们的认识可能性框架内显现的东西。如果不能同时将对象至少思考为自在之物本身，那么我们将面临那样一种认识模型，按照这种认识模型，我们便无法有意义地假设：我们的认识能够关联到某种超越我们对对象的主观表象之物；若如此，世界事实上就只是"我们的表象"（叔本华语），此外无他。

阻止康德为这样一种可以说是认识论意义上的"观念论"立场辩护的是一种意识能力，他称之为"接受性"。在《论可感世界》那篇论文中就已经提道："感性是主体的一种感受性（*receptivitas*），通过这种感受性，主体关于任何一个客体之在场的表象状态才能以特定方式得到刺激。"（§3）而《纯粹理性批判》

中的经典表述是："通过我们被对象刺激的方式获得表象的能力（接受性）就叫作感性。"（B 33）将感性解释为可被某种并非已经包含在我们意识中的东西刺激，康德认为，这一点迫使我们在如此产生的关于对象的感性表象以外还要把某种东西考虑进来，这个东西尽管真实地存在且刺激着我们，但它本身不是感性对象，因为在我们的意识中只能发现它的刺激。可以说，康德在这里捍卫了认识论上的某种实在论残余，但以现代方式来说，只是在词的所指意义的层面；按照这种观点，我们在经验中与一种不依赖于意识的某物发生关联，但无法对其作出任何规定；然而这是不可避免的，否则我们的接受性作为一种感性地被影响的能力，就不得不被虚无影响。因此在这个意义上，康德认为自在之物"作为一般现象的单纯理智的原因（在思想中可把握的），可称为先验客体，只是为了我们具有与作为一种接受性的感性相对应的东西"（B 522）。就此而言，康德的自在之物是他将认识解释为那样一种认知过程的必要构建，在这个过程中能够有某种由感性的接受能力保证的新东西和未预见到的东西加入进来；在这个意义上，康德的理论哲学首先是一种经验理论（参见 Holzhey）。

康德提出他的理论后不久就遭到指责：当他谈论将自在之物称为现象的"无法认识的""非感性的"或"理智的"原因时，他就违背自身原则地将物的概念和因果性原则应用于我们不可能对之有任何经验的某物，因为人们无法观察自在之物与现象的关系。① 事实上，很难为康德的这个说法进行辩护，但他绝非认为：首先能够识别一物，然后关于此物，一方面可以当作自在之物来谈论，另一方面又可以当作现象来谈论。当康德想要说服人们，为了我们能够认识的现象，至少要不可避免地假定"在我们外部"实在地存在某物，这时他也用"物"来指代这个某物，同时这里"自在"这个词表明，这个物概念不能按照它在认识关联中的用法来理解；"物""诸物"——康德用这些词来指在认识过程中我们不可避免地必须假定其存在的对象性。

作为现象的原因的自在之物的情况也类似：康德并没有首先构造（像唯物论者那样）一种外部事物与我们的意识之间的因果关系，也还没有任何人观察到这种关系，因为我们无法超越意识本身。他走的是相

---

① 这种不断被重复提及的反对意见，最初见于舒尔茨（埃奈希德穆斯）的《埃奈希德穆斯》（1792），这本书一开始是匿名出版的；后来作者身份被公开以后，人们在援引这本书的作者时，通常也用这本书的书名。

反的道路：从意识具有可被刺激的接受能力出发。刺激的原因不能是意识本身，否则一切刺激就都是自我刺激，当然自我刺激也是存在的。因此，如果刺激不是自我刺激，那么假定施加刺激的某物就不可避免，而如果以因果性的方式将刺激解释为外部的、进行刺激的对象——"触动我们感官的对象"（B1）——的作用，就会造成一种误解，似乎康德将因果性原则应用于禁区。

要完全不使用物和因果的说法来转述康德的意图会非常困难。面对不一贯性和前后矛盾的指责，人们或许只能通过坚持在更精确的词义上区分解释和认识来为他的理论进行辩护：当康德认为必须使用"作为现象原因的自在之物"这一说法时——尽管在认识论上成问题——我们必须始终提醒人们注意，这里的"物"与"原因"这两个表述是为了解释而使用的，而不是在对象性认识意义上甚或在经验上有依据的认识意义上使用。唯一重要的只是这里的目的；康德试图用不可认识的自在之物与现象之间著名的但容易被误解的区分，表达对理性的有限性的洞见，即当涉及认识时，理性是有限的；这个区分主要体现的是批判性意图。通过自在之物的不可认识性，康德首先与朴素实在论划清界限，后者相信事物"如其本然地"在我们面前存在，它忘了那些主观条件，事物实际上正是在这些主观条件下处于这种状态。其次，自在之物的不可认识性也标志着与传统形而上学之间的界限，这种理论一直到康德的时代都相信，人们能够凭借单纯深思就能弄清决定着这个世界的东西；但这个纯粹理智的东西不是我们认识的对象。再次，"自在之物是现象的理智原因"这个说法杜绝了观念论，因为如果在现象中没有任何不是在其中创造出来的东西显现，如果只存在单纯现象，那么意识就将是自主的，并且它的自我生成的表象世界就将是"一切如是发生的东西"（维特根斯坦）。当然，这三重划界并不意味着认识是不可能的，而是相反：按照康德，认识只有在这个界限内部才能稳步前进和增长，它在这里面不会遇到原则性的障碍（参见 Schnädelbach 2004）。归根到底，只有这样一种过程意义上的认识才是可能的，这同时无非意味着进行认识的理性是有限的、会犯错的，但也是可改进的；一种神性的、绝对的理性能够放弃认识，因为它总已知道一切。

实验的形而上学

自在之物与现象的区分，首先该放在使形而上学成为科学的革新语境中理解。这里重要的是，康德如何将"作为科学的形而上学如何可能？"这个问题表达为："先天综合判断如何可能？"（B 19）综合与分析对立，并且涉及认识形式：与分析判断在其谓词中只说明主词概念中已包含的内容不同，综合判断在谓词中为在主词概念中所思考的东西添加某种新内容；因此康德也将这两种判断称为说明性判断与扩展性判断。他为分析判断举的例子是："一切物体都有广延"——因为广延属于物体的定义，为综合判断举的例子是："一切物体都有重量"，因为在物体的定义中并不包含受万有引力牵引这个规定。与此相反，"先天—后天"这对概念涉及认识的来源；"先天"意味着"以前就"，"后天"意味着"后来才"。两种情况都针对经验而言：早于经验、走在经验之前并且不可能被经验驳倒的东西是先天的；跟随经验而来且依赖于经验的东西是后天的。

康德认为，逻辑学只包含分析判断，它们虽然是先天的，却无内容，因为没有任何东西添加进其中。与此相反，各种经验（希腊文 *empeiria* = Erfahrung）科学表达出后天的综合判断，因为它们从直观、观察和实验中引伸出扩展的知识。形而上学的情况如何呢？对于康德来说，形而上学是那样一种尝试，即不依赖一切经验，通过单纯思考，即从"纯粹"理性出发，找出关于上帝和世界的某种至今还不为人知的东西，因此这种认识是以先天综合判断的形式呈现出来的。例如，自坎特伯雷的安瑟尔谟（Anselm von Canterbury，1033—1109）以来，人们就想要用"一个不存在的完美存在者是不完美的"这个纯粹概念的论据论证上帝存在，尽管如康德表明，存在不是能够使完美的东西不完美或使其更完美的东西；因此"上帝存在"的证明显然涉及一种先天综合判断（参见 B 625 ff.）。莱布尼茨从作为单子的人的灵魂的统一性这个前提出发，借助"没有部分的东西也不能毁灭"这个论据，先天地推导出灵魂不朽——事实上，这又是一个先天综合判断，因为完全撇开可毁灭性不谈，在一种不可分的统一性意义上解释人的灵魂并不是概念上必须的。现在康德不否认确实有这种先天综合判断——比如，在数学和牛顿物理学中——这些稳步前进的科学的良好状态使得他非常确信存在先天综合判断。与此相反，形而上学中充斥着各种杂乱无章的意见，并且它一直处于不断地"来回摸索"中（B VII，还有 XIII 以及 XV），这种悲惨处境使人们怀疑形而上学领域是否也有先天综合判断。因此，纯粹理性批判直接就是传统形而上学批判，与数学和数学自然科学不同，它要求能够"从单纯概念出发达到纯粹理性认识"（MAN A 7）。

康德认识到，人们只有明确区分自在之物与现象，先天综合判断才可能得到辩护；只有这样人们才能理解，如何可能在一切经验之先且不依赖于任何经验，知道关于现实性的某种非琐碎性的内容，就像在自然科学中现实地发生的那样。自然科学的对象是什么？"自然是按照普遍规律得到规定的事物的存在。"（Prol A 71）对自然科学而言，最重要的东西是自然规律；正是凭借这种规律性的知识，自然科学才与单纯的自然博物知识区别开来。这种规律性知识不可能以如下方式获得：就像经验主义者们所想的那样，科学家们走到自然背后，尽可能多收集个别信息，然后通过某种方式将它们普遍化；事实上，现代自然科学的创始人们采取了完全不同的措施，康德用伽利略、托里拆利和化学家施塔尔的例子归纳了他们所采取行动的一般特点：通过他们

所有自然研究者都豁然开朗。他们理解到，

理性只会看出它自己根据自己的构想所产生的东西，它必须带着自己按照不变的法则进行判断的原理走在前面，强迫自然回答它的问题，却绝不只是像被自然牵着鼻子走；否则，那些偶然的、不根据任何先行拟定的计划而作出的观察就完全不会在一条必然法则中关联起来了，但这条法则却是理性所寻求且需要的。(B XIII)

只有通过这种方法，传统物理学才成为科学；按照康德，科学必须把"其思维方式如此有益的革命"

> 仅仅归功于这样一个构想：依据理性自身赋予自然的内容，去自然中寻找（而非虚构）那些理性必须向自然学习的东西——这些内容是理性自身不可能凭空得知的。正是通过这种方式，自然科学才首次被引导进入了作为科学的可靠道路，而此前长达数百年，它不过是在一片混沌中摸索而已。(B XIII f.)

这个例子对康德来说足够有吸引力，以至于他尝试将其应用于形而上学："模仿自然科学家的这个方法就在于：在那些可以被实验证实或反驳的事物中寻找纯粹理性的要素。"（B XIX）就是说，康德所做的无非是一场形而上学实验，其结果当然不能像自然科学中的那样由经验来决定，而只能视其是否成功解释了在形而上学领域恰恰也存在先天综合判断。

> 向来人们都认为，我们的一切知识都必须依照对象；但是在这个假定下，想要通过概念先天地构成有关这些对象的东西以扩展我们知识的一切尝试，都失败了。因此我们不妨试试，当假定对象必须依照我们的知识时，我们在形而上学的任务中是否会有更好的进展。这一假定也许将更好地与所要求的可能性，即对对象的先天知识的可能性相一致，这种知识应当在对象被给予我们之前就对对象有所断定。（B XVI）

接下来就是那个著名的段落，在其中康德将这种视角转换类比于哥白尼的做法，现在不是让太阳围绕地球旋转，而是让地球围绕太阳旋转；自那以来，这被称为哲学领域的"哥白尼式革命"。其结果就是"思维方式的转变方法"，按照这种方法，我们认为，"关于物，我们只能对我们自己放进其中的东西具有先天的认识"（B XVIII）。

当然，这里有这样一个疑问，如果我们终究只能认识我们事先已经以先天综合判断形式确定的东西，那么我们到底为什么还要研究物呢？我们无法通过单纯观察学到的东西就是自然规律；哥白尼、伽利略以及其他自然科学家的例子表明，这里涉及走在自然观察之前的概念的或数学的构思；因此康德得出那个著名表述："知性并不是从自然中获得它的规律（先天），而是由自己确定规律。"（Prol A 113）这里产生一个问题，如此解释的自然科学是否会被质疑为是无意义的徒劳，它唯一涉及我们自己就自然想象出来的东西；同时近乎疯狂地认为：行星那样运动，只是因为我们的知性命令它那样运动。如果人们认为，我们先天地带给科学的东西与自在之物相关，即与不依赖于我们以及我们的认识能力的现实性相关，那么哥白尼式革命事实上就无意义。通过对我们概念的单纯先天的分析，我们绝不可能达到对现实存在的东西的知识，也不可能认识到，我们的纯粹思维怎么可能以某种方式规定这种自在存在的现实性。相反，关于自在之物的后天认识不能为我们谋得规律性知识，因为经验只能教我们认识个别事物，而不是它们之间的必然关联（参见 Prol A 71 f. ）。

因此，只有在假定自在之物与现象的区别的情况下，先天综合判断才可设想。这对自然科学意味着：它并非毫无预设地直接面对自然，而是首先制定一个理论框架，康德认为这种框架由先天综合判断构成——其模型始终是伽利略—牛顿力学——然后通过观察或实验对其进行证实或证伪：由此得出，那种理论框架只有当它原则上能够被观察或实验证实或证伪时，才能被视为科学的，或者借用康德经常说的：停留在"可能经验的界限内"。因此，这种科学的对象只能是现象，即一种"经验性直观"（B 33）的暂未被规定的对象，而不是自在之物。

这个结论首先会使形而上学彻底受挫，因为形而上学在传统上始终尝试通过单纯思维或"纯粹理性"超越"可能经验的界限"；康德表明，由于先天综合判断的可能性与有效性，这种尝试原则上不可能成功，这就是说，符合科学性标准的形而上学还根本不存在。如果这就是康德的最终结论，那么他的形而上学实验或许就是失败的；他可不是仅限于关心自然科学基础问题的科学哲学家，尽管他对形而上学传统提出了彻底批判，但他关心的主要还是，通过批判地保障形而上学基础来实施一场形而上学革命，而如果上述结论就是康德实验的终点，那么这也将被证明为无法达到的目标。

康德确信迄今为止被称为"形而上学"的东西是非科学的，其确信依据在于前文提及的二律背反，即如下事实：理性如果越过可能经验的界限并在那里寻求认识，就必然陷入矛盾；他发现自在之物与现象的区分——这种区分使先天综合判断成为可能——同样能解决这些二律背反：

现在发现，如果我们从这种双重的观点来考察事物，就会和纯粹理性的原则相一致，但从单方面的观点看就会产生理性与自身的不可避免的冲突，那么这个实验就判定了那种区分是正确的。（参见 B XIX）

如果在可能经验范围内先天综合判断确实可能，为此而区分自在之物与现象确实值得，那么不排除这一种可能：这种界限也允许一种全新意义上的形而上学存在，康德在批判工作结束后，事实上也确实提出了一种自然形而上学的基本路线，以及一套系统阐述的道德形而上学理论。

康德将他体系中保证使形而上学成为科学的部分称为"先验哲学"。他在《纯粹理性批判》导论中解释其含义："我把一切知识称为先验的，只要它并不关注对象，而是关注我们关于对象的认识方式——只要这种认识是先天可能的意义上的。"（B 25）霍克海默曾在一次研讨班中给出了一个卓越的表达："'先验'意味着'与先天综合判断的可能性条件相关'。"换言之，它并非直接关乎我们的认识方式——后者可由心理学家、人类学家或人文科学家研究——而是与这个问题相关：我们作为认识者，为我们的对象认识先天地带来了什么，以及由此共同决定了什么。康德以经院哲学的超验论理论为批判的出发点，这解释了他为什么选择这个表达，通过沃尔夫和亚历山大·鲍姆嘉登（Alexander Gottlieb Baumgarten，1714—1762），他熟悉了这种超验论理论的变化形式（参见 Irrlitz 153 f.），但这个表达选得并不理想，因为它总是与"超验的"这个词混淆——尤其因为康德自己在有些地方用了"先验的"这个词，想表达的却是"超验的"这个意思。超验恰恰是先验哲学努力排除的东西：一种关于可能经验之界限的彼岸对象的臆想知识，就是说，一种想要超越（拉丁语：*transcendere*）这个界限的认识方式。

知识与信仰

按照康德，自在之物是一种本体，因为"一个本体的概念"是关于"一种根本不应被思考为感官对象而应（仅仅通过纯粹知性）被思考为自在之物本身的物"（B 310）的概念；康德将它称为"界限概念"。但界限总是将某物与另一物分开。因此，自在之物概念一方面突出那个领域，在这个领域科学与改革后的形而上学成为可能；同时，"限制感性的僭越"（B 311）是它的使命。因此，自在之物与现象的区分旨在"标明我们的感性认识的界限，同时腾出一个我们既不能用可能经验，也不能用纯粹知性充实的空间"（B 345）。康德的那个著名表述就提到这一点："我不得不扬弃知识，以便为信仰留地盘。"（B XXX）"信仰"在这里并不是指宗教信条意义上的宗教信仰，而是指一种"认之为真"，这种认之为真尽管在"主观上是充分的"，但在"客观上却并不充分"（B 850）。康德表明，既在主观上充分也在客观上充分的认之为真意义上的知识，只有在现象领域里是可能的；然而这并不排除，因为在这个领域以外仍有存在理由，按照主观上充分的根据将某物认之为真，而无需为此提供客观的保证。如果没有自在之物与现象的区分，那么这个"以外"当然就是空洞的；因为感性世界将是无边界的。

传统形而上学不满足于这种结论，因此尝试通过"纯粹知性"，即通过单纯思维规定来充实经验的彼岸；但这并不适用于形而上学，它作为科学的困境说明了这一点。但形而上学想要认识的东西——康德用三个重要概念"上帝、自由和不朽"来概括——因此并不是无意义的。因为感性被限制在现象世界，人们无法以经验性方式对形而上学的伟大思想提出反对理由；出于主观理由将所思考之物认定为真，只要人们不能对它提出客观的认识要求，那么它就是可能的。康德在其后期著作中清楚表明，不仅有很多很好的理由为这种哲学信仰辩护，而且我们事实上根本别无他法，除了假定上帝存在、自由存在以及灵魂不朽，确切地说，如果我们将自己理解为道德存在者；这里涉及康德关于"纯粹实践理性的公设"（KpV A 220 ff.）的说法。这样一种"纯粹理性的实践扩展"（B XXX）将是不可能的，甚至是荒谬的，如果没有自在之物与现象的区分，因为它标志着理论哲学与实践哲学的交界处。

感性与知性

康德做出的第二个重要区分是感性与知性，这一区分不断引发调和的尝试。康德在《纯粹理性批判》导论中就强调，

> 人类知识有两大主干，它们也许来自某种共同的但不为我们所知的根基，这就是感性和知性，通过前者，对象被给予我们，而通过后者，对象则被我们思维。（B 29）

因此，人们一直在寻找这个不为人知的根基，为了弥合这两大主干之间所谓的显著鸿沟。追随埃德蒙德·胡塞尔（Edmund Husserl，1859—1938）的现代现象学就此对康德提出的异议，尤其激发了人们的这种热情：在我们直接的自我经验中，感性与知性从来不是分开的；它们在其中总已共同存在，因为我们不可能意识到任何感性经验，如果我们不是至少在开始时就已经以概念性方式意指它——我们总是将某物体验

为某物，相反，或许也没有完全不带感性成分的思维，因为我们总是借助符号与象征思考（参见 Peirce 以及 Cassirer）。

当然，康德并不将自己视为现象学家，而是视为人类认识的批判者："为了用一个概念概括迄今所讲的东西，首先有必要提醒读者注意：这里不是在谈论经验的产生过程，而是在谈论其中包含哪些因素。"（Prol A 87）他在对经验进行分解"剖析"（参见 B 9 以及 Prol A 81）时碰到了一些要素，这些要素不可能由我们自己产生；它们必须被给予我们，如果我们谈论的应是认识，而不是幻想的产物。康德与经验主义一道，将这种被给予的东西归因于作为接受能力的感性。但我们还有作为思维能力的知性，没有它同样没有认识，而在这一点上，康德批判经验主义传统，这个传统自洛克以来就一直尝试，就是将思维要素也回溯到感性；康德认为这在原则上是不可能的，这奠定了认识的两大主干之间的二元论：在康德看来，思维并非单纯的具有，而是一种产生表象的活动，即一种自发性能力。

与此相反，经验主义的反对派理性主义则将意识的一切表象回溯到意识的自发活动；莱布尼茨的形而上学为此提供了基础，这种理论将灵魂理解为"没有窗户和门"的单子，其被赋予以清晰性的某一确定强度表现整个宇宙的能力。在这种背景下，感性与知性的区别只体现为意识表现力的强度差异；但如果能证明这里涉及的并非强度差异，而是涉及表象方式，那么认识能力的二元分立便成为必然结论。

因此，康德既批判经验主义，也批判理性主义形而上学：

> 莱布尼茨将诸现象智性化了，正如洛克……将这些知性概念全都感性化了一样，也就是把它们视为不过是经验性的或是被抽离出来（被抽象出来）的反思概念。这两位伟人不是在知性和感性中寻找两种截然不同的表象来源——尽管唯有二者结合才能对事物作出客观有效的判断——而是各自固守其中的一个……（B 327）

康德在这里并没有为了给这两位"伟大人物"留下些许合理性而简单采取第三种立场。经验主义不能解释自然科学之可能性，理性主义则因为陷入二律背反，而作为科学失败了；按照康德，只有区分自在之物与现象才能避免这两者的问题，这个区分进而引出了知性与感性的区分：如果像自在之物那样的本体在思维上必然需要，即使这些"对象"并未在经验中出现，那么知性作为思维能力必定是产生自身表象的自发源泉。如此一来，无法还原为这种自发生成的对象——作为"感性直观中无规定的对象"的现象——就指向意识的接受性。

但人们仍然不能将这两种区分简单等同；如果说，自在之物可能要留待单纯思维去思考，初始未被规定的现象则必须被规定，才能成为认识对象，而这恰恰就是知性作为自发能力的任务。知性不能简单地从感性直观中被给予的材料提取这些进一步的规定，如经验主义所认为的那样，因为被给予的只是单纯"质料"，它必须被思维赋予形式，这样我们才能获得某种可认识的东西。

无感性则不会有对象给予我们，无知性则没有对象被思维。思维无内容是空的，直观无概念是盲的。……知性不能直观，感官不能思维。只有从它们的互相结合中才能产生出知识来。（B 75 f.）

因此，根据康德，我们必须把关于世界的知识理解为感性与知性协同作用的结果，"这两种能力，或才智，也不能互换其功能"（B 76）。

那么问题是，如何证明这种解释的合理性，而非仅仅作出断言。康德首先完全从人类学的角度引入这种解释：

> 我们的本性导致了，直观永远只能是感性的，也就是只包含我们为对象所刺激的那种方式。相反，对感性直观对象进行思维的能力就是知性。（B 75）

因此，这里既排除了理智直观的筹划，也排除了直观的知性的观念。理智直观曾被视为理性主义形而上学的认识工具。笛卡尔在其天赋观念论中已经考虑到一种纯粹的"心灵直观"（*intuitus mentis*），即在瞬间领会某种确定之物的精神能力，斯宾诺莎与莱布尼茨在这方面也沿袭了他的做法。与此相反，康德坚持我们的知性是推理性的，就是说，知性必须逐步经历一系列思维规定，才能赋予那些它自身无法创造的被给予之物的形式与形态。而直观的知性则是那种在单纯思维中直接充分领会一个对象特性的能力；可以将这种知性归给上帝，但绝不能归属于我们所拥有的知性（Prol A 171 f.）。我们的思维依赖于感性，如果它要成为认识，正是这一点将它与一种无限的、神圣的理性区别开来，比如，莱布尼茨的中心单子，它总是能够使世界中一切有差别的东西一瞬间当下化。

因此，康德借助感性与知性的区分，不只思考我们理性的有限性，还思考我们理性的属人性；从理论上说，我们无法排除存在其他理性存在者的可能性，然而我们对这种存在者一无所知。当然，人们很容易批判康德在这里犯了独断论的错误：究竟有什么理由能证明他关于人的理论——他从这种理论出发将我们的理性描述为人的理性——是正确的呢？因为，另一种人类学也可能以不同的方式规定感性与知性的关系，而且事实上总是有人不断尝试以这种方式修改康德的理论。单凭人类学的论据确实无法为康德的理论辩护，现象学描述方法也不行——它的优点另有所在。

空间与时间

康德可以表明，感性也具有先天方面，它尽管是一切感性的形式，但恰恰不是概念形式，单就这一点也必须承认感性与知性具有本质差异。感性也是先天综合判断的可能性条件之一，它已经走在一切经验之前，这是先验感性论的主题；"Ästhetik（感性论）"在这里不是在艺术哲学意义上使用的，而溯源至希腊词 *aisthesis*（知觉）的指感性理论。这种"先验感性论"（B 29 f.）表明，空间与时间不是能够从经验中获得的表象，因为一切我们经验到的东西，都总是已经在空间和时间中经验的。此外，空间和时间在如下意义上是必然的表象，即我们尽管能够想象空的空间部分和时间部分，但不能想象根本没有空间和时间。最后，空间和时间不是概念，因为它们不是表示空间性东西和时间性东西的一般特征，而是以单一整体存在：我们在一个空间和一个时间中定位一切空间性东西与时间性东西，而这种仅标示单一事物的形式不可能是概念。空间与时间作为形式——已包含我们一切经验质料——却是直观形式，而不是思维形式。

此处这个经过简化的证明，康德概括为"形而上学阐明"（B 37 以及 B 46）；"形而上学的"在这里指对空间和时间表象中的内容进行先天阐明。而"先验阐明"则探讨对空间和时间事先已经确定的东西，对先天综合判断之可能性所带来的后果。康德认为，空间和时间作为直观形式，使得几何学（独立于经验的科学）以及主要在物理学中不可或缺的运动概念成为可能（参见 B 40 f. 以及 48 f.）。现代的科学理论在这一点上不再愿意追随康德，但这无损于康德先验感性论的最重要成果：如果人们并非单纯在物理学的测量数值意义上谈论空间和时间，而是在我们具体的、感性的经验语境谈论，那么人们能够表明，这里所涉及的是非概念形式，当我们具有个别的空间或时间经验时，这种形式总已在其中起作用。由此必然要区分自在之物与现象，因为这种形式是我们的形式；我们知觉到和直观到的东西，总是已经通过它们得到形式化，以至于我们不可能知觉或直观到独立于这种形式的东西，即自在之物。

这个结论使康德提出了那个著名却容易被误解的表述："先验观念论和经验实在论"（参见 B 43 f. 以及 B 518 f.）。说某物是"观念的"（ideel），这在笛卡尔传统中意味着它在意识之中；拉丁语 *idea*、英语 *idea* 或法语 *idée* 宜译为"意识内容"或"表象"。康德用空间与时间的先验观念性意指，只要"我们去掉一切经验之可能性条件"并将它们当作自在之物的规定，那么它们就什么也不是；如果它们作为自在之物的规定使经验成为可能，那么它们是先验地实在的，但出于先天综合判断之可能性的原因，这是不可能的。然而，一切我们在空间和时间中感性地经验到的东西，康德认为它们是经验实在的，因为它们是建立在被给予之物上的，为了这个被给予之物，我们不得不将作为"给予者"的自在之物考虑进去，据此"接受性""现象"或"被给予之物"这些表达才具有意义。康德总是最激烈地反对将自己的哲学理解为观念论，就像在对他的哲学做出的第一篇、根本不称职的评论中那样（主要参见 Prol A 62 ff.）①。在《纯粹理性批判》第二版中，他在两个地方补充加入了"驳观念论"，而且后来他也始终坚持自己的理论不是观念论的。在 18 世纪，人们在"观念论"这个词之下所理解的是 "*esse est percipi*"（存在即是被感知，此外无他）这种认识理论，这是贝克莱为反驳唯物论而基于洛克经验主义建立的理论；叔本华"世界是我的表象"是这个计划的进一步发展，这并非康德的意图。他始终坚持，我们在经验中关涉现实的物，而非只关涉我们关于物的

---

① 康德在 Prol A 70 f. 中，甚至明确撤回了容易产生误解的"先验观念论"这个表达，并用"批判的观念论"替代；以此应保持时空的观念性理论，但不助长笛卡尔的"经验"观念论与"贝克莱的神秘主义式狂热的观念论"（A 70）。也可参见康德关于"形式的观念论"的注释。

表象，尽管关于这个物，我们只能知道它穿越空间与时间形式之后的形态。但同时正因如此，被经验到的东西在经验上是实在的，而不单纯只是"我们的表象"。如果认为"德国观念论"从康德那里就已经开始，那更是一个错误；德国观念论首先从费希特开始，以他对自在之物的清算为起点；康德理论可靠的自我描述是"批判哲学"（Verk A 491）。

思维

按照康德，感性与知性的关系就如同接受性与自发性相互的关系，这里他将"自发性"理解为"自主产生表象的能力"（B 75）。这种表象是概念，而这是知性为了能够思维"感性直观的对象"所需要的，因为只有通过这些概念对象才被认识。对"思维"更详尽地解释是"先验逻辑"的主题。"先验逻辑"与"普通"逻辑或"纯粹"逻辑的区别在于，它是就先天综合判断的可能性问题探讨思维；就是说，它并不止步于对"一般思维的形式"（B 79）的阐述，而是探究具有内容的对象认识中属于思维的部分。为此，首先需要对"思维"概念进行详细阐明。笛卡尔和洛克将意识的任何形式——在其中有某物被意识到——都称为

"思维"（*cogitare*，*to think*）（参见 Descartes，Med II，§14，以及 Locke II，I 1），当我们不仅在概念意义上使用"我思"，而是将它等同于"我认为""我想象""我打算"或"我计划"时，我们在这里也总还是乐意追随笛卡尔和洛克。他们通过对"思维"概念的这种过度延伸，既助长了经验的"理智化"，也助长了概念的"感性化"。与此相反，康德的目的是将思维明确归给知性，然后更详细地规定它的特殊认识功能。

知性是一种非感性的认识能力；因为我们只能借助感官直观某物，所以它"不是直观能力"（B 92）。那么，它作为认识能力是什么呢？它表现为一种概念能力，它自己自发地产生这些概念，但什么是概念呢？康德在回答这个问题时，使用了两个概念对子："直观的/推理的"和"刺激/功能"。知性以推理的方式行事，这就排除了一种理智直观的观念；那么问题是，人们如何能够更详细规定这种 *discurrere*（拉丁语，字面意思为：分离）。与将感性理解为接受性的被刺激不同，康德将它理解为知性的一种自发活动，他称这种活动为"功能"；概念以这种功能为基础："但我将功能理解为，将不同的表象在一个共同的表象下进行整理的行动的统一性。"（B 93）在稍后的部分，这种统一功能被称为"综合"（参见 B 102 f.），而这澄清了对表象进行"整理"确切来说意味着什么："我在最一般的意义上将综合理解为……那样一种行动，即将不同的表象彼此相加在一起，并在一个认识中把握它们的杂多。"（B 103）重要的是，康德认为，对感性提供给我们的杂多表象进行综合的这种活动，本质上是对杂乱质料赋予形式，这种赋形由知性自发实施；这种活动是思维的特殊贡献，正因为有思维的这种贡献，对"感性直观对象"的认识才可能。现象是"一种经验性直观的无规定的对象"，从现象的这个定义出发，人们也可以将进行认识活动的思维理解为对无规定之物的一种规定活动。①

　　按照康德，知性据以将未被形式化的东西形式化，或对未被规定的东西进行规定的那些形式，当我们将它们当下化时就具有那种知性自发产生的表象——那正是概念。但是，如果人们将这些形式设想为糕点模具之赋予面团的那种形式，或作诸如此类联想，那么就彻底误解了它们；这些形式是综合的形式，即对杂多表象进行推论性地"综合"的过程，因此若要说明

————————————
① 这是"构造"的确切含义；参见 Hogrebe。

思维在认识活动中的特殊贡献，规则（Regel）这个概念要适合得多，康德也使用过这个概念（B 356；Prol A 89 f.）。因此，概念是一些规则，知性按照这些规则对感性杂多进行综合，或者对未被规定的东西进行规定；概念是知性的功能规则。

现在，使得这种概念理论成为一种先验逻辑的，是康德的论点：至少有一组核心概念必定是先天存在的。当然，我们也使用诸如"哺乳动物"或"针叶树"这样的经验概念；它们的经验性体现在，我们在其中抓住对象种类或纲目的一些我们从经验中获悉的特定标志，然后将它们运用于个别对象。现在康德进一步提出：这里面也总包含一些不可能源于经验的概念环节。比如，如果我们面前有一棵针叶树，那么我们将它理解为一个对象，并且只是一个对象，它具有特定的样子，它会保持为这同一个对象有一段时间，并且真实地存在于我们面前；因此我们引入了量、质、实体性和现实性表象，它们不可能是经验性的，因为它们是我们根本上能够具有一个可辨认的对象，如一棵针叶树，而不是一堆未得到整理的、杂乱无章的个别印象的前提条件。

这些先天引导着一切认识的概念规定，康德称为

"纯粹知性概念"或"范畴"，并且他确信，如果人们以普遍逻辑为"线索"①（B 91），就能找到这些概念。因为，关于概念，"知性不可能有其他的运用，除了用它来判断"（B 93）。因此，知性作为通过概念进行认识的能力，无非是进行判断的能力。但判断就在于将一个概念运用于一个对象，或者说得更确切些：将一个在很多个别对象上都能够碰到的普遍表象，运用于这个而不是那个对象，以此来规定该对象；在这个意义上，康德将概念本身理解为"可能判断的谓词"。因此，如果我断言："这是一棵针叶树"，那么我就做了判断，就是说，将一个谓词作为我用"这"所指的对象的规定引入，并将其与被规定的对象的表达方式相关联。因此，如果通过概念的认识就在于判断，那就容易理解为什么要在普遍逻辑的传统判断理论那里寻求帮助，以便寻找我们在任何一个概念形成过程中已经使用的"纯粹"知性概念。康德在这里将当时逻辑学教科书中的判断表及其十二个项目当作"发现一切纯粹知性概念的线索"（B 91）来使用，并且其"范畴表"（B 106）也达到了"十二"这个数目。

---

① "线索"这个形象源于阿里阿德涅神话，她借助其线索找出从米诺陶洛斯迷宫返回的路。

在康德以后，人们一直批判这种处理方式过于简单，而且其可信性实际上依赖于一种我们已无法认同的逻辑理解。但是，即便人们质疑康德判断表，他的如下观点还没有被驳倒：没有这些先天的思维规定，对象认识就不可能。证明这一点是"纯粹知性概念的先验演绎"（B 129）的任务，这是整个《纯粹理性批判》中最困难的核心部分；这也耗费了康德最大的精力，并且他迫不得已在这部著作的第二版中进行大幅修改。"演绎"在这里并非指形式逻辑意义上的推导；康德在这里沿袭了罗马法法学家的语言用法，据此 *deductio* 表示在回答"权利问题"（*quid iuris*）（B 116）意义上证明合法性。"演绎"的基本思想从综合概念出发得到展开，按照康德，综合概念对一切知性功能来说都是基础性的和标志性的。

因为知性作为综合能力促成了杂多的直观要素之间的联结，所以对康德来说很清楚：

> 任何我们没有事先联结起来的东西，都不能表象为在客体中被联结了的，在一切表象之中，联结是唯一不能通过客体给予而只能由主体自身完成的表象，因为它是主体自发性的行动。……

联结是杂多的综合统一的表象。所以这种统一性的表象不能从联结中产生，相反，只有通过把它加到杂多表象上，才首次使联结的概念成为可能。（B 129 f.）

纯粹知性概念演绎的问题在于：它需要表明，纯粹知性概念使我们能将原本未被联结的东西表象"为在一个客体中得到联结"。如果我们表象这种联结，那么我们所关涉的并非仅仅是我们的表象联结，而是关涉某种在对象本身中相互联结的东西的表象。当我们使用概念进行判断时，首先的情况是只涉及"知觉判断"，这些判断只是单纯"主观有效的"——它们只是陈述被表象的东西在我们的表象中如何联结；但在认识中涉及"经验判断"，它们"具有客观的有效性"（Prol A 78）。与此相应地，先验演绎的目的是证明，在特定条件下对纯粹知性概念的使用确实提供了客观认识。该演绎的各个步骤见《纯粹理性批判》第二版中一连串非常艰深晦涩的段落。

这里的关键概念是"统觉的本源综合统一"（B 131）。"统觉"这个概念自莱布尼茨以来就是对自我意识的流行表达，康德用"我思"描述统觉，他说"我思"必须"能够伴随"（当然，它并不总是实际伴随）"一切我的表象"。按照康德，我原则上总是能够将"我思"置于表象之前，只有以此一个表象才能是我的表象，就是说，我才能够意识到它。这个"我思"是"纯粹的"，它不可能源于经验，因为没有它我就根本不可能有经验。然后康德说，这个"我思"在双重含义上是"本源综合的"：一方面，因为它作为一般思维的基础形式是综合的根源；而另一方面，因为就我的自我意识而言，我的自我意识的充实也只能通过综合才能被组合成一个"自我"的统一性（参见 B 131 ff.）。最终，康德试图表明，如果思维关涉在时空中被给予者并根据它自己的综合形式对其进行规定，那么"我思"作为知性的本源—综合功能，不仅是单纯主观的知觉判断的基础，也是客观有效的经验判断的基础。一种"更客观的"客体性是不存在的，因为"任何一个对象都处于可能经验中直观杂多的综合统一性的必然条件下"（B 197）。由此得出：感性与知性作为"一般经验之可能性条件，同时是经验对象之可能性条件"（B 197），并且我们无法认识其他对象。

以此，康德也在原则上回答了"先天综合判断何以可能和何以有效"的问题；当知性与范畴协调一致并严格关联于时空中被给予者进行判断时，先天综合判断就是客观有效的。在先验逻辑的余下部分中，康德阐述了这种客观有效的先天综合判断——在"原理分析论"中。这种原理的最著名的例子是"经验的第二类比"："一切发生的（开始存在的）事都预设了某种它按照规则而紧跟其后的东西"（A 189），或者，"一切变化都按照因果联结的规律而发生"（B 232）。人们称之为"因果性原则"。休谟曾质疑因果性原则的普遍客观有效性，认为这个原则只是主体对经验性规律的习惯反应，而休谟以这种怀疑主义态度唤醒了康德的"独断主义迷梦"（参见 Prol A 13）。相反，康德将这个原则回溯到"原因性与从属性关系"（B 106）这个纯粹知性概念，这个概念根据前述演绎，在严格关涉时空中被给予者的情况下，将"经验的第二类比"建立为客观有效的先天综合判断。因此总体而言：先天综合判断在可能经验的界限内是可能的且有效的。

知性与理性

到目前为止，还根本没有谈到理性，尽管它正是批判哲学的核心对象。与知性相同，理性也是思维的能力；正如对知性而言：理性本质上也是综合能力。然而，理性与知性是不同的，理性的综合在更高层次展开：

> 我们的一切知识都开始于感官，由此前进到知性，而终止于理性，在理性之上我们再没有更高的能力来加工直观材料并将之纳入思维的最高统一性。（B 355）

由此出现了分两级的综合模型：知性通过将范畴运用于感性杂多产生出大量个别认识，这种认识无法满足我们对统一且明晰的世界观的需求，理性恰恰在这里介入。

> 所以理性从来都不是直接针对着经验或任何一个对象，而是针对着知性，旨在通过概念赋予杂多的知性知识以先天的统一性，这种统一性可称为理性的统一性，它与知性所能达到的统一性有完全不同的性质。（B 359）

在这里，认识的理性统一性也不能从直接认识本身中获取；倒不如说，这个统一性以一些特殊的先天概念为前提条件，与"纯粹的"知性概念或范畴相区别，康德将这些先天概念称为"理念"。

为了探明这些"纯粹的"理性概念，他再次以传统逻辑为线索，并且与知性相区别，不是将理性规定为判断能力，而是将它规定为推理能力。康德认为，传统的三段论推理展示了何为推理——例如，"一切 A 都是 B；一切 C 都是 A；那么一切 C 都是 B"这种形式；它将若干判断联结起来，从而产生出一个新判断，但不是通过直观的综合而形成判断，而是通过对既有的一些判断的综合来完成的。使这种"更高级的"综合得以可能的东西，必然不同于与综合所涉及的判断。

康德用规则概念来刻画知性的特殊性，进而指出："知性是借助规则对现象进行统一的能力，而理性则是借助原则来统一知性规则的能力。"（B 359）按照康德，原则在逻辑意义上就是那些必须被假定为大前提的命题，比如"一切 A 都是 B"，结论借此"推导出来"，就是说，达到逻辑的综合；因此，在康德的用语中，理性的原则是"它的判断（推理）的普遍条件"（B 364）。在个别推理中，这些原则自然只是相对意义上的原则；它们是推理的条件，它们本身以更上一级的、更普遍的推理为条件。那么，只有当人们探明一切条件的条件，这个整体本身不再以其他东西为条件，这时才达到"理性的统一性"；它是"绝对的"，就是说，它"脱离"一切条件，因为它将一切条件包含于自身。由此，康德得出关于认识的一个基本命题："理性的固有原理（在逻辑运用中）是：为知性的有条件的认识找到无条件者，以此来完成知性的统一。"（B 364）换言之，理性本身的"逻辑本能"并不甘心于停留在感性经验领域中且由知性通过概念提供的统一性；它不可能满足于大量有条件的认识统一性，并必然要寻找：

　　一个给定的有条件者的所有**条件的总体性**。既然只有无条件者才使得所有条件的总体性成为可能，且所有条件的总体性本身总是无条件的，所以一个纯粹理性概念一般可以用无条件者的概念来说明，就其作为有条件者之综合的根据而言。（B 379）

　　康德认为，有三个理性概念，理性借此思考并努力把握无条件者。从理性的逻辑功能推导出"理念"

的过程，构成《纯粹理性批判》最精彩的部分之一，并以一种堪称英明的方式结束了理性主义者与经验主义者围绕"天赋观念"的争论。康德在这一点上赞同理性主义的观点，即我们拥有一些不可能源于经验的表象；属于这类表象的有空间和时间，以及范畴和纯粹理性概念。相反地，经验主义者能够在如下命题中得到辩护：这些理念不是"天赋的"，就是说，不是简单地在我们心中固有并且能直接被知觉到。康德明确通过与范畴的实存做类比来说明理念的情况：就如同纯粹知性概念代表知性综合的各种不同形式，纯粹理性概念为我们呈现理性综合的基本模型——作为"在一切关联中都彻底是无条件者"的"条件之综合的绝对总体性"（B 382）。因此，这些概念必须由我们的理性本身产生，因为康德认为，理性无法不遵循"逻辑本能"，去追求在理念形式中呈现出来的最高综合统一的当下化。

康德认为，传统逻辑同样为这些无条件者概念提供了"线索"，确切地说，就是在推理理论中，这种理论将推理形式区分为定言、假言和选言。前述的"一切 A 都是 B"等是定言（断言的）推理的例子，因为它们的第一前提是一个简单的断言；相反，假言推理使用"如果……那么……"这种形式为大前提，而选言推理则具有"不是 A、B、C，那么就是 D"这种形式。康德试图表明，如果人们以这种推理形式为媒介，尝试探明这种"推论"的推理的条件整体，那就不可避免地达到三个无条件者形式：一种主体的无条件者形式，"它本身不再是谓词"，然后是一种"前提条件的无条件者形式，它不再具有其他前提条件"，第三个是"划分出来的各个部分的集合的无条件者形式，对于这些部分来说，为完成该概念的划分无需其他部分"（B 379）。

然后，康德将这种模型运用于我们的表象，以具体说明在这个领域对无条件者的推理引向何处。按照他的观点，"我们所能形成概念或理念的一切表象关系有三重：1. 对主体的关系，2. 对现象中客体杂多的关系，3. 对所有一般事物的关系"。康德从这里开始纵马疾驰，他将这种三重性与推理形式的三重性联系在一起，并声称通过将它运用于我们表象的关系并一直扩展到无条件者，就将产生出一切纯粹理性概念，而它们

都将能够纳入三个类别：其中第一类包含思

维主体的绝对的（无条件的）统一，第二类包含现象条件系列的绝对统一，第三类包含思维的一般对象之条件的绝对统一（B 391；中译第 283 页）。

因此，康德要求从理性活动本身出发重构他那个时代形而上学的三大主题：

> 思维的主体是*心理学*的对象，一切现象的总和（世界）是*宇宙学*的对象，而包含一切可思之物可能性的至上条件的存在者（一切存在者的存在者），则是*神学*的对象。（B 391）

这三门科学作为形而上学的分支（还需加上作为一般对象理论的存在论）将自身理解为"理性"学科；它们相信，能够"从纯粹理性"出发探明关于灵魂、世界以及上帝的某种不同寻常的内容，确切地说，以先天综合判断的形式。此外，康德表明，这种尝试并非单纯胡闹，而是彻底反思所必然面临的形而上学问题，因此人们可以说，康德面对那些蔑视形而上学的人而要求恢复形而上学的名誉，这类人在经验主义盛行的启蒙世纪似乎占据着上风。

尽管如此，康德在《纯粹理性批判》的开篇所言仍然有效：

> 人类理性在其知识的某个门类里有着特殊的命运：它为一些无法摆脱的问题所困扰，这些问题是理性出于自身本性向自己提出的；但它又不能回答它们，因为这些问题超越了人类理性的一切能力。（A VII）

这就是康德断言作为科学的形而上学还不存在的根本原因：理性别无选择，只能提出这些问题，然而对这些问题的回答会陷入混沌，只要理性自己没有清楚地确定，自己能做什么和不能做什么。而这种界定正是理性批判的工作。不经批判的理性简单跟随其"逻辑本能"而直奔无条件者，并因此陷入"先验幻相"的世界（B 349 ff.）。这种幻相源于人们将主观的思维必然性当作客观上有效的；因为"对一般思维的逻辑探讨……被错误地当作客体的形而上学规定"（B 409）。以此方式，我们不可避免地用我们的纯粹理性概念——灵魂、作为整体的世界以及上帝——所表象的东西，显得是更高级的认识的三重对象。康德说这是一种"自然的不可避免的幻觉",人们无法消除这种幻觉,而只能揭穿(B 354)。先验逻辑中包含这种"先验幻相"的理论及其批判的部分,康德称之为"先验辩证论";它包含与知性逻辑不同的理性"逻辑",知性逻辑康德称之为"先验分析论"。①

就传统形而上学而言,先验辩证论的功能主要是否定的。虽然已经确定,先天综合判断只在可能的经验界限内才可能和有效,但这对形而上学判断并不适用,因为这种判断渗透进绝不可能在经验中被给予的无条件者领域,进而超出可能经验的界限并试图认识自在之物。但康德并没有就此罢休,他通过近乎苛刻的细致工作揭露了理性主义形而上学的论证结构,并在此准确地指出,形而上学的理性在哪些点上落入它自己不可避免的幻觉。形而上学实在太重要,人们不能为了经验主义科学或者甚至常识而干脆对它听之任之。

理性心理学主要涉及证明灵魂不朽;康德表明,它在这里受到一种"谬误推理"的欺骗,即一种错误的推理,当它从"我思"这一我们一切意识活动必然

———————————————

① 在这里,康德遵循自亚里士多德以来的传统,将逻辑学划分为分析论与辩证论。

的主观条件出发，推论出作为一种非经验认识的臆想对象的自我。理性的宇宙论是理性二律背反的领域；理性在这里陷入不可避免的矛盾，因为它相信能够证明有关世界整体的某种东西，但其对立面也能以具有同等说服力的方式得到证明：世界有一个时间上的开端吗？它必定曾有一个开端，否则在每一个瞬间都已经有无限时间过去，并且因为"无限＋1"结果仍然是"无限"，所以人们就无法将任何瞬间与其他瞬间区分开。同时，世界不可能有时间上的开端，否则开端之前应该有什么曾存在呢？[①] 而理性神学的核心是证明上帝存在，就是说，从纯粹理性出发不依赖于启示而证明上帝存在，并且把一些特定性质归于它。

对于形而上学来说，如果我们回忆先天综合判断之可能性条件（自在之物与现象的区分给出了其基础），那么意味着：不存在理性心理学，因为我们关于我们自己所知道的东西总是基于经验；而"我思"理论属于先验逻辑，因此不是经验学科，因为它首先试图表明一般经验如何可能，而不可能已经以此为前提

[①] 曾有一个拉比被问道："上帝在创世之前干什么？"他回答："他在为问这个问题的人创造地狱。"

条件。① 至于那些宇宙论的二律背反，人们唯有接受如下事实方能避免，即它涉及我们的认识无法触及的领域，并在那里试图挖掘出有关一切现象之彼岸的自在之物的某种东西。作为整体的世界可不是经验对象，因此宇宙学只能作为经验科学而存在。康德在先验辩证论中用很大篇幅来讨论上帝证明问题，因此他在这里考虑到如下事实，上帝问题在他那个时代对人们具有无法估量的意义，其重要程度对我们今人而言几乎难以想象。康德将有关证明的各种不同形式归结为一个核心问题：人们以各种方式相信能从上帝概念中推断出来的实存概念，是否真的属于上帝概念。他表明，实存概念不是"实在的谓词"：当人们将实存添加到100塔勒之上，以便将它区别于单纯想象的100塔勒，人们也并未因此使100塔勒这个实际数值增多。但如果实存原则上不是这种规定，那么上帝作为完美的存在者为其完美性也不能缺少实存；因此实存也不能出于单纯概念的理由归于上帝。如果人们想要将实存归于上帝，那么就要求一个先天综合判断，而我们不能

① 这一点作为反对意见，应该足以反驳一切心理学、社会科学或进化论的康德解释和康德"破译"。

在经验界限之外使用先天综合判断；不存在"从单纯概念产生出来的纯粹理性认识"（MAN A VII）。

但这不是康德对形而上学遗产的最终判词。即使灵魂、作为整体的世界以及上帝不是认识对象，它们也仍是理性必然产生出来的表象，因此不可能是根本上毫无意义的。康德将这些纯粹理性概念理解为调节性的理念：尽管它们与纯粹知性概念不同，原则上不可能产生对象认识，但在认识进程中仍具有重要功能。这种功能在于，"调节"和组织个别的知性认识，并将它们整理到一个力求达到的认识目标上，但绝不宣称这种目标已经实现。对康德而言，在整体上认识我们自己和世界是一种必然的诉求，正是这种诉求才为我们所有的知识赋予内在关联与意义。在康德的整个哲学体系中，这种单纯调节性理念的意义更因它们在伦理学中作为"实践理性公设"的再现——以"上帝、自由和不朽"这三重结构的方式——而得到强调。

康德在知性与理性、"自在之物与现象"以及"感性与知性"之间做出的严格区分，一直激发着其后继者不断作出新的调和尝试。试图将理性从可能的科学认识领域排除出去，并只赋予它一种调节性功能，这对康德之后的很多人来说远不能让人满意。事实上，康德通过规定理性能力的界限明确指出了我们理性的有限性，但德国观念论首先难以接受这一点。具有卓越才智的人们最终在自在之物问题上分道扬镳；如果人们能够追随费希特，将自在之物当作错误的思维规定排除出去，那么"有限的人类理性"这一命题就值得商榷，一种新的绝对者哲学也提上了日程。在这种观点下，黑格尔就可以声称，康德只是因为将理性降格为知性，所以才能贬低理性是有限的；与此相反，真正的理性必须认识到矛盾是其固有环节，并且是它通往真理之路的动力。因此，辩证法就不再是幻相的逻辑，而是真正哲学认识的工具。

实践理性

康德最著名的论断或许是："要这样去行动，使你的意志的准则在任何时候都能成为普遍立法的原则。"（KpV A 54）这个被称为"绝对命令"（KpV A 56）的公式，康德本人也称之为"道德法则"和"纯粹实践理性的基本法则"（KpV A 54）。这里已经清楚地体现出其实践哲学的基本特点。"实践哲学"并不是指哲学是实践的，而是指关于实践的科学，即关于人的行动的科学；作为科学，它不能满足于只是描述这种行动，而应按照现代科学理解，寻找和表达出人类实践的那些首要原则。康德要求借助作为"道德法则"的绝对命令的表达，使实践哲学符合现代的科学理解。"道德"这个词不能狭义地理解为伦理或者民族习惯，而应理解为对拉丁语 mos 的翻译——"习俗、风俗、文明"。因此，康德的道德哲学除了包含狭义的道德，也包含法律和政治原则，因此包含人类整个行动领域的原则。mos 这个词在哲学术语中是对希腊语 *éthos* 的拉丁语翻译，因此在康德那里"道德哲学"和"伦理学"互为同义词。

在康德所给出的"道德"之"基本法则"中，首先引人注目的是它具有命令式的形式，一种命令或规章的形式；因为它规定了所有从中推导出的内容，所以他的伦理学是义务论的（希腊语 *deî*——是必须的，人们必须；*tà déonta*——义务），即一种应然或规范义务伦理学。因此，其关注点不在于人们实际遵循的各种行动原则或法则，也不在于描述在特定时空中被当作义务的东西，而仅在于那个问题：是什么约束着我们并客观地确立我们的义务。

仅以应当和应然之物为取向，这种做法也使康德的理论有别于传统的价值伦理学和利益伦理学，它们的奠基者分别是柏拉图和亚里士多德。对于柏拉图来说，善的理念表达了在 19 世纪的术语中被称为最高"价值"的东西；若要实现好的生活和行动就应以此为圭臬；亚里士多德则认为最高的善是幸福，一切被当作某种善的东西都为此而被追求。在这两种伦理学构想中虽包含应然的要素，但其形式被大幅削弱，远没有达到能够充当道德上善的原则的程度；应然在这里完全属于一个正确认识的事情。

康德的道德哲学是一种理性伦理学——更准确地说，一种实践理性的伦理学，这使它与其他伦理学方案明显不同。一方面，这使它远离沙夫茨伯里、哈奇森和休谟所代表的且后来又被叔本华接受的那种信念，即道德的基础要在特殊的道德感官（*moral sense*）或感觉中寻找；康德坚持道德的基础在实践理性之中。另一方面，康德也与那种将道德归结为理论认知的做法划清界限，这种做法以柏拉图—亚里士多德传统为范式，也曾规定沃尔夫的《普遍实践哲学》。这里的关键概念是"完美"概念，认为灵魂一旦认识了完美存在者，就会致力于将它实现出来（参见 Henrich 236）；对此，康德则强调实践理性及其原则的独立性来回应。

康德实践哲学的这些特点将在下文中就其内在关联予以阐释；在这个过程中，我们也将始终致力于证明，这是一种关于有限性的伦理学，而这种伦理学直到今天仍然处于各种批判的焦点。有两个最重要的批评，一是这种伦理学的所谓理性主义，即为了"冷冰冰的"义务观点而贬低感觉和喜好；二是备受诟病的形式主义，按照批评者的观点，这种形式主义使一切东西都能以道德义务的形式呈现；此外还有严格主义，康德本人对此责难也难辞其咎。下面我们将探讨这些反对意见。

实然与应然

"自然即事物的存在，只要这种存在按照普遍法则得到规定"（Prol A 71）；根据这种形式的自然概念，当人们行动时，发生的一切事情所遵循的那些原则与法则属于自然科学，在这个意义上，心理学、体质人类学以及一切我们今天归入社会科学的东西也都属于自然科学学科。问题是，在这个前提下实践理性的独立性如何才能得到说明。在亚里士多德那里，这是以存在论的方式得到说明的，即通过区分不同的存在领域；如果说物理学研究的是运动和变化的本原内在于自身的存在者，那么伦理学研究的就是运动和变化本原为外在的存在者，即人的行动和结果，因其本原在于行动者本身（参见 Aristoteles，Met 1025b 19 ff.；以及 1064a 10 ff.）。

这种路线是被批判哲学禁止的，因为它已经使用一种特定的形而上学，而这种形而上学的可能性首先就是个问题；在实践哲学中，也只有批判的道路是"唯一还具有希望的"。因此，如果人们不想仅仅为了迎合一般的自然科学而放弃实践哲学的特殊地位，并因此沦为自然主义者，那就必须在理性本身中寻找这个区分的原则；对于康德来说，这个原则在实然与应然的区别中：

> 应然表达了一种必然性与其根据的联系，这种联系在整个自然中通常不会碰到。知性所能认识到的，只是整个自然界中*实存的*，曾存的或者将存的事物。说某物应当以不同于它在整个时间关系中实际存在的方式*存在*，这是不可能的。（B 575）

伦理学本质上与应然和应然之物相关，这是一种古老的想法。十诫就以"你应当……"以及"你不应当"这种命令式形式组成。在希腊传统中，斯多葛派将伦理学建立为义务论；他们的基本思想主要通过西塞罗的著作为后人所熟知（有关这段历史可参见 Delekat 257；还有 Kersting）。当他们为自己至上的伦理法则进行辩护时，用自然法则（*lex naturae*）进行论

— 101 —

证："按照自然生活"。这不仅指对自然现象的明智顺应，而是将自然现象所依据的法则，*lógos*，同时视为 *nómos*，亦即一切事情应据以发生的规范；由此可见，斯多葛派的自然科学总是同时且首先是实践哲学。基督教与近代世俗的自然法思想传统，很大程度上被斯多葛派伦理学及其独特的法则思想规定，在这个传统中，从未明确区分阐明意义上的法则概念与规范意义上的法则概念——也就是在实在的规律性与法则规范之间做出区分。① 康德对实践哲学史的意义，恰恰在于他彻底消除了传统的那种模棱两可，并坚持我们在哲学中具有两种原则上不同且不能相互还原的法则类型：实然的法则与应当和应然之物的法则。

那么，重要的是表明，这并非各种法则表达形式之间单纯的语法差别；实然与应然的区别必须有一个事实根据，该根据应在自我批判的理性视角中得到阐明。康德在《纯粹理性批判》中就已经谈到命令式，"我在一切实践的东西中将它交给作为规则而起作用的那些力量"（B 575）。根据《道德形而上学的奠基》，我们发现这种规则早已运作于"普通道德理性认识"

---

① 就此而言，这里也不存在从实然到应然的"自然主义的谬误推理"。

中，无需"科学和哲学"人们就知道，"为了变得诚实和善良，甚至聪明和有德行，应做什么"（GMS BA 21）。① 因此，教导人们道德规范不是伦理学的任务，尽管如此，"甚至智慧——或许通常多见于行事而非知识——仍需要科学，不是为了受教于它，而是要确立其规范的通行且持久"（GMS BA 22 f.）。因此，康德将有别于实然的应然的现实性定位在有关"什么是道德上的必须或什么是义务"的前哲学的知识中；实践哲学无法产生这种知识，但必须对它进行解释，为它提供保障，并且面对伦理上的怀疑主义为它辩护，伦理怀疑主义则声称根本没有道德。如同在理论哲学中，康德将先天综合判断作为数学与自然科学中的现实存在的前提条件，继而追问它如何可能，他的伦理学也以对义务事实的意识为出发点；但哲学工作现在才开始，因为对义务事实的意识也需要批判，不是所有我们视为义务的东西以及作为义务要求我们履行的东西，都是真正的义务。

对于康德来说，只有不停留于我们在单个指令或命令中碰到的个别的应然性，这个问题才能得到解决；

---

① 人们不必学习哲学就已经知道什么是好的和正确的，康德总是将这个洞见归功于卢梭："卢梭纠正了我。"（转引自 Kühn 160）

这就是康德伦理学那个本质的且有争议的预设：如果"应然"要成为在道德上具有重大意义且并非只是对事实约束关系的表达，那么它本身就必须具有法则，也就是说，必须具备普遍规范的形式。当然，这还不是充分条件：对康德来说，只有当存在一些应然的法则，它们本身是普遍的和必然的，即它们对所有人而言都是一种无限制的义务，这时才存在合法的、客观上具有约束力的应然。因此，批判的道德哲学的任务是，依据对义务的事实上的"普通道德理性认识"，探明并表达出这些普遍有效的、具有无条件约束力的应然法则。按照康德，这种应然法则显然不可能源于经验——就像先天综合判断不可能源于经验，知性以"纯粹知性诸法则"的形式，将它规定为经验世界最一般的存在法则。因此，在实践哲学领域也提出了形而上学问题——现在不再是作为自然的形而上学问题，它应由《纯粹理性批判》在理论领域筹备——而是在独立于经验的应然法则基础上为道德形而上学进行奠基。这些法则只能来自理性本身，由此才产生出康德的"实践理性"这个表达的完整含义：如果理性是实践的，那么它就给出普遍有效且无条件具有约束力的应然法则；这正是实践理性的实践性所在（参见 KpV

A 55）。继而需要追问：这些应然法则何以可能？《道德形而上学的奠基》致力于证明这些法则是现实有效的；而《实践理性批判》的任务则是回答这个可能性问题。

自然与自由

按照康德，事物普遍的实然法则是"自然法则"；相反，他将应然法则称为"自由法则"（GMS BA IV）。这看似矛盾，因为我们通常认为自由存在于应然的彼岸，即存在于不受任何规范约束且可以随心所欲的领域。与此相反，康德的论点是，只有在对应然的诉求中才获得关于真实自由的提示。当然，这一切取决于人们怎么理解"自由"这个词。它不可能指纯粹没有外部障碍意义上的行动自由，否则射中目标的炮弹也可以说是自由的。就此，康德给出如下定义：

> 在实践意义上的自由就是意欲摆脱感性冲动的强迫而获得的独立性。……其前提在于，虽然某事没有发生，但它本应当发生，因而它的原因在现象中并没有如此确定，以至于在我们的意志

中包含有某种原因性，这种原因性独立于那些自然原因，甚至违抗自然的强制力和影响而在时间序列中按照经验规律产生某种结果，亦即完全自行开始一系列事件。（B 562）

很明显，这种意欲或意志自由的模式无法与因果性原则一致，也就是说，因果性原理要求一切发生的事情都"必须在时间序列（从前和往后）中遵循经验规律被规定"；"意志"无需原因就"完全自行"开启活动，所以因果性在这里根本无法成立。因此，实践自由指在经验世界中通过行动者本身自发开启因果"事件序列"的能力，这种自由概念显然预设了某种普遍性前提：原则上有某种"无因之因"的可能性，康德称之为"先验自由"。

这事实上是一个宇宙论问题，因为康德认为，当理性在整体上思考世界时，才认为"完全自行开启一个事件序列"的能力必不可少。如果理性以因果性原则进行思考，那就推导出使康德怀疑整个理性主义形而上学可能性的二律背反：

正题：遵循自然律的因果性并不是解释世界

的全部现象的唯一根据。为了解释这些现象，还
必须假定一种由自由而来的因果性。——反题：
没有自由，相反，世界上一切东西都只遵循自然
律而发生。（B 472 f.）

康德认为，这两种立场有同样充分的理由：如果
不存在第一性的自因，那么因果链就将无限延展，导
致任何事情都缺乏"充分先天规定的原因"，然而这却
是因果性原则所要求的。相反，若允许先验自由存在，
那么因果性原则的普遍效力就会失效，并因此威胁到
一般科学的可能性："自然和先验自由的区别，就如同
规律性与无规律性的区别。"（B 475）

康德的解决之道是回溯自在之物与现象的区别：
"如果现象是自在之物本身，那么自由就无法保全"（B
564），因为因果性原则毫无例外地适用于现象世界。
但人们至少可以思考，将先验自由当作单纯思维规定
归入自在之物领域，这样做在逻辑上是可能的。康德
试图用有关自由行动中主体的双重特性展开这一理论
每一感官对象上都包含非现象的部分，康德称为"理
智特性"（B 566）。因此，尽管我们必须给予感官世界
中的任何一个行动主体赋予"经验特性"，使其所有行

动都归入自然规律完整的内在关联；但同时，存在一种可能性，即给予这种行动主体一种"理智特性"，使得其作为非现象存在而为现象世界中行动的原因，且不服从自然规律。按照这种模型，理智特性与经验特性的关系就如同自在之物与现象的关系（参见 B 566 ff.）。

重要的是，这并不意味着要在此处对自由的实在性进行证明；这里的目的仅在于探讨在"现象世界中因果原则普遍有效"这个限制条件下，如何思考实践自由。康德在解决自由二律背反问题的结尾处指出：

> 我们所能且必须证明的只是：二律背反源于单纯的幻相，自然与自由原因性至少并不冲突，这正是问题的关键。（B 586）

因此康德认为，自在之物与现象的区分使思考实践自由得以可能；但它也是人类理性有限性的标志，所以实践自由也只在有限理性的范围内存在，具体而言，即发生在行动主体身上——介于单纯可思维的理智特性与可认识的经验特性之间的张力领域。根据康德，这也正是只有对应当的意识才让我们确信自身实际拥有实践自由的根本原因，即我们具备在现象世界中引发无因之果的能力。如果我们是纯粹理性存在者，并因此是"理智世界的成员"，那么我们的意欲没有任何非理性的动机，我们将自发地意愿理性作为实践理性而为我们规定的东西。但我们同时又是"感性世界的成员"，这使得我们的意欲也总是听从一些感性的非理性的动机；我们是不完美的、有限的、会犯错的存在者，虽然具有理性但并不总是依理性行事。①

"应然"恰恰表达这种矛盾："道德的应然因此是作为理智世界的成员自身的必然意愿，只有当人同时视自己为感性世界的成员时，这种必然意愿才被思考为应然。"（GMS BA 113；也可参见 KpV A 36）

因此，应当与自由交替地相互指涉；针对潜在的循环论证指责，康德强调，

自由当然是道德法则的存在根据（*ratio essendi*），但道德法则是自由的认识根据（*ratio cognoscendi*）。因为，如果不是早已明确意识到我

---

① 在这个意义上，康德用 *animal rationabile*（有理性能力的动物）来替换关于人的传统定义 *animal rationale*（理性的动物）；*animal rationale* 是 *animal rationabile* 的由绝对命令赋予的目标（参见 APH A 315）。

们理性的道德法则，那么我们绝不会有理由相信有自由这样的东西。但如果没有自由，那么在我们内部根本不会发现道德法则。（KpV B 5）

对我们来说，没有应然就不可能有自由，因为如果"应然"不预设一种"能够"就没有意义，所以应当将自由作为其实在根据来回指。按照康德，每个人判断"他能做某事，是因为他意识到他应该做此事，并在此道德律中认识到自己原本没有意识到的自由"（KpV A 54）。

义务与偏好

但不是任何"应然"都指向"能够"实现的自由；我们的生活始终面临来自各方的应然诉求，这些诉求要么必须当作无理要求而回绝，要么确实超出我们的能力范围，这里适用如下说法："Ultra posse nemo obligatur"（没有人有义务做他无法做到的事情）。也就是说，只有我们义务的"应然"才指向"能够"，这个原则对一切义务伦理学都适用——但什么是义务？我们对什么负有义务？西塞罗的《论义务》在斯多葛派理论的基础上建立了完整的义务论，安布罗修斯教父将这种义务论基督教化，并以此形式始终存在于经院哲学中，并在近代重获新生（参见 Kühn 292 f. 以及 309 f.）；康德对西塞罗的接受，一方面来自学生时代的自主阅读，另一方面则来自克里斯蒂安·加尔夫（Christian Garve；1742—1798）1783 年出版的《论义务》译注本，加尔夫这位《纯粹理性批判》尖锐批评者的著作，显然加速了《道德形而上学的奠基》的完成（有关这段历史以及接下来的内容可参见 Kühn 321 ff.）。

西塞罗与康德有非常多的一致。他们都将义务伦理学奠基于理性，并且按照斯多葛派的模式，将德行作为幸福的条件来解释配享幸福问题；但他们在义务的适用根据上分道扬镳。西塞罗及其后继者直至加尔夫，都在自然中寻找这种根据，他们将自然当作人的本性的基础，而人的本性本质上通过理性和社会性得到规定；"按照自然生活"这个原则无非是说，人应该按照自己的本性生活。但至于人为什么应该这样生活，西塞罗（以及后来的加尔夫）又以幸福论的方式进行回答，即主张遵循义务最终将使人们比违反义务更幸福，因为这更符合自然秩序。因此，理性在此仅是认识对人来说何物符合自然的天赋工具，用于引导人们追求同样源于自然的幸福。就此而言，西塞罗的模式完全停留于斯多葛派"自然法则"的双重含义，即自然存在的事物也应当如此存在，而这种应当被理解为人类内在的自然动力。

霍布斯开创了近代自然法理论（参见 Ilting；还有 Henrich 233 f.），他的理论与西塞罗以及经院哲学只有细微的差别，但这细微差别却构成了根本区别：他不再将自然理解为实然与应然的统一，因此自然也不再构成我们义务的基础；就自然秩序的存在而言，它是纯粹的事实性，从中无法导出任何规范性内容。因此，霍布斯成为作为纯粹理性法意义上的自然法奠基者；唯有理性而非自然才能告诉我们应当做什么。"自然法"（*Ius naturale*）和"自然法则"（*Lex naturae*）这两个传统概念以此获得了全然不同的含义："自然法"在霍布斯那里意指那种任何人都具有的不受限制的自由，即自我保存并利用一切他认为适合于此目的的手段；而"自然法则"不过是理性颁布的规范（Precept）或一种普遍规则（generall Rule），禁止人们作恶和鼓励人们趋利（Hobbes I，XIV）。这样理解的自然法则的规范不再像斯多葛派传统般指向自然目的的自我保存（*oikeíosis*）；古希腊与经院哲学传统对自然的理解是目的论式的，人存在的目的也在这种自然理解中寻找其位置，而这种目的论式的自然在现代科学中已被免除。既然自我保存遵循的是没有明确目的指向的自然本能——类似于物理学中的惯性原理——那么它在规范上也是中性的；人们无法论证为什么应当自我保存，如果它本就是规定人的一切行动原动力。那么，规范、规则、命令以及禁令所涉及的不再是作为目的本身的自我保存，而只能涉及理性所发现的（*found out by reason*）各种手段。霍布斯本质上将理性理解为一种数学意义上的衡量能力（参见 Hobbes I，V）。但在为自我保存效劳的过程中，对个别行动的付出与收益、坏处与好处的这种衡量，已不是解释单纯可能性的纯粹理论活动；霍布斯在这里为进行衡量的理性直接赋予规范力量，这种力量源于自我保存本能的事实性力量，因此其结论必然采取应然命题的形式。

霍布斯在其作为理性法的自然法理论中，作为"自然法则"提出的东西，被康德称为"假言命令"，即以"如果……那么……"为条件的应然命题；这种命题"表达一种可能行动的实践必然性，这种行动是达到我们所希望的某种目的的手段"（GMS BA 39）。与霍布斯一样，他坚持这种命令是理性的事情；只有

— 113 —

理性才能查明当人们要实现特定的目的时应该做什么，但康德在这里还更明确地区分了单纯可能的行动目的和现实的行动目的（GMS BA 40）。在两种情况下，无论是单纯可思考的行动目的，还是实际持有的行动目的，为产生具有根据的应然，都要满足"如果……那么……"的句式。但康德认为我们至此还根本没有踏入道德领域；我们仍只停留于熟巧和机智的准则领域（参见 GMS BA 44 f.）。凭借这一论断，康德既告别了价值伦理学和利益伦理学这两个传统，也告别了西塞罗的义务伦理学，甚至将霍布斯视为非道德论者，其伦理学延续至今的挑衅意味也体现在这个论断中。

只有考察那些并非仅在特定条件下要求人们做某事，而是要求人们无条件做某事的应然法则，道德的含义才得以清晰；据此，道德是"那些无条件地发布命令的、我们应当据以行动的法则整体"（ZeF B 71）；这正是绝对命令表达的含义。绝对命令指那种应当语句，它不以"如果……那么……"的形式发布命令，从而为预设的目的指定确定的行动；倒不如说，它如同简单的陈述句（希腊语 *kategorein*——做出确定陈述），"将行动本身表述为客观—必然的，而不涉及其他目的"（GMS BA 39）。因此，康德否认价值与利益能为我们建构道德哲学奠基——即严格意义上的法则，因为"每个人都必定会赞同，若某个法则应被视为道德的，即应被视为一种责任的根据，其本身就必须蕴含绝对必然性"（GMS BA VIII）。价值与利益总是有偶然性，因为人们的价值导向和志向在空间和时间上具有差别，所以从其中得出的应然法则总只能在特定条件下具有约束力，而不具有"绝对性"，即不是无条件具有约束力；但"绝对的"这个词所意指的正是这种绝对性和无条件性，它界定了康德应然伦理学至上命令的特性。

《道德形而上学的奠基》的任务就是探明道德的这个"基本法则"，在这项工作开始时，康德提出了伦理学中的无条件性可能意味着什么：什么是无条件的善？他给出了那个著名的回答："在世界之内，甚至在世界之外，除了善的意志之外，根本不可能设想任何东西能够被无限制地视为善的。"（GMS BA 1）我们通常视为善的其他事物，无论是"精神的天赋"还是"幸运的馈赠"，始终只有以善的意志使用它们时才是善的，因此只有善的意志才具有"无条件的内在价值"（GMS BA 1）。这种价值并非源于意志所产生的结果，而是"自在地"归于善的意志本身。康德根据我们所熟悉的义务概念解释这一点。我们区分"合乎义务的"行动和"出于义务"的行动（GMS BA 8），并且承认只有后者才具有一种无条件的道德价值，虽然可能有无数道德外的甚至是不道德的理由促使人们合乎义务地行动，无论是出于算计、自私自利，还是出于对惩罚的恐惧。与出于义务相对立的是出于偏好的行动，后者尽管可能合乎义务，但它总是指向满足义务之外的意图发生。因此，康德有如下表达："义务是出于对法则的敬重而产生的行动必然性。"（GMS BA 14）

这种敬重不能与偏好混同，后者始终与外在的行动目的联系在一起；敬重只涉及一般道德法则，并且作为"纯粹的"与一切爱好无关的意志规定，是法则客观性的主观对应物。康德从如下事实出发解释这种"纯粹"敬重何以可能：我们运用"作为实践能力的理性"，"亦即作为一种应当影响意志的能力"的理性，并"因此必定是产生一个自身即为善的意志，而非实现其他意图的手段"（GMS BA 7）。康德承认，这种敬重也属于情感——一种道德情感——但与其他一切情感不同，因为它是道德法则的表象对主体产生作用的结果，而非其他因素所致："不是通过影响而接受的情感，而是通过理性概念主动产生的，因而与前一种源自偏好或者恐惧的情感有类的区别。"（GMS B 16 注释部分；中译第 408 页注释部分）在《实践理性批判》中，康德用钟表机械的比喻将这种道德情感称为道德行动的"发条"（参见 KpV A 133 ff. ）。

"义务与偏好"——这是对康德伦理学批判的一个经久不衰的主题。在反对所谓康德的义务理性主义而为情感辩护时，人们通常忽略了一个关键点：唯一真正的对立应是"敬重与偏好"；康德实际上区分了两种类型的情感：一种是偏好，它指向外部的感性刺激；一种是敬重，它是理性自身产生的意识情感状态。如果人们想要在这一点上反驳康德，就必须提出理由证明，根本不可能有诸如此类的敬重；这种敬重事实上是一种自我敬重，它属于那种除了拥有感性驱动力外，还拥有理性且能够让自身行为受理性支配的存在者。在康德看来，这种自我敬重基于以下事实：要求敬重的道德法则由理性本身产生，我们作为具有理性的存在者分享着这个理性。而道德法则之所以在我们这里表现为一种应然，仅仅因为我们同时是感性存在者。应然与自由之间的奇妙关联实际上发展成一个悖论：我们只有在一个无条件命令的应然法则的有效性中，才能体验到自由。这种法则源于理性本身，我们因为理性天赋同时成了立法者：

> 敬重的对象仅仅是法则，而且是我们施加于自身、就自身而言必然的法则。作为法则，我们服从它，而不征求自爱的意见；作为自我立法的产物，它实则是我们意志的结果。（GMS BA 17 注释部分）

绝对的责任与自律体验的这种结合，而不是普鲁士的臣民心态，使得康德用近乎热忱的语调谈论义务与"我心中的道德法则"。（参见 KpV A 288）

席勒有诗言："我愿为朋友效劳，可惜这出于偏好/因此我并非有德，我经常为此懊恼。"（转引自 Höffe 201）——但这构成一种反驳吗？偏好伴随出于义务的行动，这并没有被禁止。此外，对合乎义务的东西的偏好可能"使道德原则的影响变得轻松很多"（KpV，V 118），为什么不应该有一种对出于义务的、合乎义务的行动的偏好呢？那么，这种偏好将构成道德品性的基础，就是始终赋予"对法则的敬重"优先于各种偏好的地位；教育的任务就在于培养这种道德品性。席勒忽略的是，出于偏好的行善本身还不具有道德品质；只有当被确认为道德的原则（"帮助穷人"）规定这个行为时，它才获得道德品质，而此时偏好是完全允许的（参见 Kaulbach 233 f. ）。

最后康德强调，我们绝不可能完全确信自己是否仅仅出于偏好合乎义务地行动，而是真正出于义务；他明确指出，根本无法澄清是否"真的没有一种隐秘的自爱本能……它才是意志的真正规定原因"（GMS B 26）。但《道德形而上学的奠基》的目的并不是确定"某事是否发生"，而是"理性是否独立于一切现象，自行要求应当发生的事情发生"，因此是否"存在一些行动，尽管迄今为止的世界或许还根本没有提供此类行动的任何例子，……但它们仍然被理性严格要求"（GMS BA 28）。

也就是说，在批判康德伦理学时，使义务与偏好相互对抗的做法意义不大；不能指责康德为了敬仰"冷冰冰的"义务而蔑视偏好，康德对我们的偏好及其威力的了解，比我们想象的要深刻，对偏好在道德和美学教化作用方面，也比我们想象的要重视。他最重要的任务是解决一个哲学问题：我们行动中真正的道德品质——道德性——在哪里？是否存在超越单纯服从道德法则的其他因素？因为对道德法则的服从也可能出于非道德甚至不道德的动机。康德认为，若是这种情况，就只能给出行动的合法性（参见 KpV A 127）。他的论点是："行动的一切道德价值的本质在于，道德法则直接规定意志。"（KpV A 126）如果否认此命题，自然可以放弃义务与偏好的严格对立；但其代价是，无条件的责任与自由之间的联系将失效："意志的自由除了是自主性以外，即除了'自我立法'这个特性以外，它还能是什么呢？……就是说，自由意志与服从道德法则的意志是一码事。"（GMS BA 98）

绝对命令

无条件命令的道德法则还需要进一步阐明。因为这种法则仅植根于作为实践理性的理性本身，而不依赖任何其他东西，否则将有损其普遍必然的有效性，所以它不可能包含任何源自经验世界的内容性规定。道德的应然之物，就是理性本身作为合乎法则的存在。既然除了对法则的敬重以外不考虑任何其他推动力，"剩下的便只是行动本身的普遍的合法则性，只有它才应用作意志的原则"（GMS BA 17）；只有遵循这个原则的意志，才"绝对且无条件地"是善的。那么，康德要回答一个问题：意志如何能够在其意愿中由"一般行动的普遍合法则性"所规定，毕竟其涉及的仅仅是意愿和行动的一种纯粹形式。那么，人们如何能够意愿一种行动的特定形式呢？

这里重要的是，康德认为意志的这种形式原则根本不涉及个别行动；这一点可从康德的意志概念得出：

> 自然的每一个事物都按照法则发挥作用。唯有一个理性存在者具有**按照法则**的**表象**亦即按照原则来行动的能力，或者说具有一个**意志**。既然为了从法则引出行为就需要理性，所以意志无非就是实践理性。（GMS BA 36）

对于康德来说，理性意愿总是遵守原则行事，因此不是变化无常和混乱的，而这些原则首先总是主观的。康德将意愿的主观原则称为准则（参见 GMS BA 15 注释部分）。我们可以根据自身行动的那些法则来解释何为准则，因为我们主观地将它们视为对我们有效："我不想欠债"，"我想信守诺言"，"我想始终保持诚实"等。但是《道德形而上学》涉及一种客观的意志原则，涉及那个"实践法则"，它作为发布绝对命令的应当法则，完全可以规定为主观意志原则的普遍合法则性形式，因此发布绝对命令的应当法则是："要只按照你同时能够愿意它成为一个普遍法则的那个准则去行动。"（GMS，BA 52）这个表达较前引的"经典表达"更明确，因为"能够被视为普遍法则"这个表达似乎没有解决，这里的"能够"意指什么；人们确实必须能够意愿，我们的行动准则成为普遍法则，而不会导致准则本身失效，只有这样它才是道德的。

那个自在的、"绝对且无限制的"善的意志，因此是这样一种意志，它按照能同时被意愿成对所有人都有约束力的法则来行动，也就是说，它将自己设定在可普遍化的主观原则之上；这种特性足以成为善的意志在行动中只遵守这种准则而非其他准则的动机。康德这里给出的是道德的一种形式标准，如已所述，这种对康德伦理学的指责自黑格尔（参见 Hegel 2，460 ff.）以来就一直不断重复出现，这是除理性主义指责以外另一个为人所熟知的罪名：形式主义。如果人们再稍微细致地研究绝对命令，那么它根本没那么形式化，因为我们根本不应意愿它本身，而只是在我们的意愿中敬重它。我们总是意愿某物，就是说，我们的准则总是有一个内容，意愿这个内容在道德上是正当的，且有义务这样做，恰恰因为其普遍化的形式促使我们通过敬重而行动。[①] 康德首先既没有考虑个别行动，也没有考虑特定的行动类型，而是在其伦理学奠基中唯一只把主观意愿与客观应当之间的关系当作主题，但这并不表明形式主义指责是正确的；因为毕竟他在其后期著作《道德形而上学》中，以绝对命令为基础制定了一种详细的法权和德行理论。只有当确实能够证明，任何准则，就是说也包括那些明显不道德的原则，都能够被表达为普遍法则，且持有这个准则的主体也还会意愿它的有效性，这样才能证明针对《道德形而上学的奠基》与《实践理性批判》的形式主义指责是合理的。这一点或许已经被充分证明是不可能的[②]；为此人们只需更详细地研究康德自己给出的例子（参见 GMS BA 52 ff.）。当然，也存在一些使这种普遍化模型失灵的模棱两可的情况，但或许不存在哪种伦理学筹划能够解决所有例外情况，尤其是人们

---

① 这可当作对马克斯·舍勒（Max Scheler）与尼古拉·哈特曼（Nicolai Hartmann）对康德伦理学之形式主义批判的批判；参见 Kaulbach 234 f.。

② 这主要是 Ebbinghaus 的贡献——Singer 有理由说，黑格尔的形式主义批判"近乎难以置信的幼稚"。参见 Singer 291。

还必须考虑到那些伦理上中性的准则。

如果人们考虑绝对命令的目的—手段表达式，那么形式主义的指责就彻底站不住脚了："你要如此行动，即无论是你的人格中的人性，还是其他任何一个人的人格中的人性，你在任何时候都同时当作目的，绝不仅仅当作手段来使用。"（GMS BA 66 f.）这里什么应是"形式的"，实在难以理解。康德声称，这并非与以准则—法则形式表达的那个绝对命令不同的另一个绝对命令，并且它借助无条件的责任与作为自律的自由之间的内在关系得到建立：因为理性的意志只服从它作为自由意志自己颁布的法则，而且这对于任何作为人格的人都适用，所以任何人格都属于"通过意志自由而可能的目的王国……，它可能是其中的成员，或是元首"（GMS BA 75）因此，将一个共同元首单纯当作"成员"看待，这在这个"目的王国"中是一种违背立法的行为。一种具有目的设定能力的存在者绝不应单纯只是其他存在者的手段，因为这样一个准则不适合当作普遍法则。康德认为，关于人的尊严的观念也基于此——而与这种思维的神人类似的神学根源无关（参见 GMS BA 76 f.）。

反对康德伦理学的另一个意见涉及所谓严格主义。

康德在其论文《论出自人类之爱而说谎的所谓法权》中，批判了法国作家和政治家邦雅曼·贡斯当（Benjamin Constant；1767—1830），后者想要将"在任何情况下都不能说谎"这个道德法则视为有限的，因为他认为它的无条件适用使"任何社会都不可能"。在这里他提到"一个德国哲学家"（也就是康德）的观点，"如果我们的一个朋友正在被一个杀人犯追杀，而当这个杀人犯问我们，这个朋友是否躲进了我们的房子里，如果我们说谎，那么这是一种应受谴责的行为"（RM A 301）。相反，康德与贡斯当坚持，不是无条件地禁止说谎，而是那种像往常一样在特定条件下允许说谎的权利，才会破坏人类社会，人类社会依赖于其成员的诚实。在这篇小论文中没有体现出来的是，康德在另一个地方明确承认"紧急法"（参见 MS AB 41），以至于我们不能合法地追究"紧急情况下的说谎者"。但康德不能接受一种不同义务相互冲突的边界情况（参见 MS AB 23 f.），严格主义异议的真正核心或许在此：确实存在一些特殊情况，我们需要面对一些相互矛盾的、但都同样可普遍化的准则；此时唯有实践判断力方能提供指引（关于此参见 KpV A 119 ff.），康德自己非常重视这种实践判断力，但涉

— 125 —

及具体情况又似乎不够重视（关于说谎问题可参见 Dietz）。

总之，如果人们不要求将一般伦理学建立在应当法则的普遍有效性和必然性之上，就可以避开康德伦理学中的一切困难和道德苛求；如此一来，道德与我们作为自律的自由之间的联系也将被取消。在"自由与尊严的彼岸"（Skinner）王国——行为主义者以及最近一些神经科学家将它当作"人类公园"（Sloterdijk）来推荐——只有社会工艺学和明智规则；在那里人们不需要道德形而上学。一种康德式伦理学使我们面对的那些问题，不应使我们简单放弃"自由"与"尊严"这样的主题；我们应该直面这些问题。

法权、政治、历史

在这样一本简明导论中，我们无法描述康德毕生构建的庞大体系的每个部分；这里我们只限于指出他的实践哲学其余的部分领域。康德的法哲学最不为人熟知，通常也不受重视（关于此可参见 Höffe 208 ff.）。康德在其后期著作《论永久和平》（1795）中以政治理论家的身份登场，其中的基本观念至少影响了第一次世界大战后国际联盟的建立。他的历史哲学则主要体现在《关于一种世界公民观点的普遍历史的理念》（1784）和《人类历史揣测的开端》（1786）这两篇论文中，而这些内容更经常被纳入大学以外的教学，因为它们和启蒙论文一样，都属于所谓的"小"论文，因此代表着通俗的、对所有爱好者都平易近人的康德。这些迥异的接受史导致大部分人不只忽略了这三个哲学领域的内在关联，也忽略了它们的共同根源——绝对命令。

直到 19 世纪，人们在"自然法"（Naturrecht）这个概念下所理解的，不仅是指先于国家立法的超实证的法体系（国家立法必须以它为指导，如果其目的是正义的法，而非强制性法令）；这个词最首要的含义是自然法理论，并因此指我们今天称为"法哲学"的东西。这个学科的基本问题过去、现在和未来都是："什么是法权？"对于康德来说，很显然，如果人们所关心的问题并非只是"什么东西在有些地方有时是正当的"，而是可能被视为正当的东西，依据"人们据以从根本上认识正当和不正当（*iustum et iniustum*）的普遍标准"（MS B 32）是否也为正当，那么这里涉及的是规范问题，人们不可能在经验领域找到答案。按照康德对作为一种先天认识的形而上学的理解，这属于形而上学问题，他在《道德形而上学》（1797）中题为"法权理论的形而上学初始根据"的部分研究这个问题。与霍布斯一样，他确信自然法只有作为理性法才能得到辩护，但正如道德哲学中的立场，他在这里坚持一种出自"纯粹"理性的法权理论，因为只有这样才能保证其普遍必然的有效性。

康德从绝对命令发展出他对法权原则的解释，借此绝对命令再次证明自身并非狭义上个人道德意义的基本法则，而是一般意义上的"道德"；法权原则无非就是绝对命令运用于社会中自由平等的人们之间外在交往的形式。我们必须将彼此作为自由平等的人来相互尊重，这一点仅从绝对命令的目的—手段表达式中就可以得出。如何在社会层面实现绝对命令所要求的东西，这个问题引出法权概念："因此，法权是能够使一个人的意欲与另一个人的意欲按照普遍自由法则联合起来的那些条件整体。"（MS B 33）但"普遍的自由法则"无非就是可普遍化的准则，由此可以得出："任何一个行动，如果它或者按照它所遵循的准则任何人的自由，都能够按照一种普遍法则同其他人的自由共存，那么这个行动就是合法的。"（MS B 33）同样的标

— 128 —

准也适用于立法；只有当立法在自由的、在法律面前平等的公民间的外在共同生活中，实现了绝对命令作为至上的"普遍的自由法则"时，这个立法才是"正当的"或"合法的"。

这里法权必须仅限于确定什么是对所有人都有约束力的客观法权义务；按照康德，服从法权的主观"动力"问题属于德性论，即伦理学中与法权哲学相区别的实践哲学分支。客观法权与主观道德的这种划分尤其重要，因为它防止这两方面相互越界——无论是将个人道德还原为法权现实，还是将法权道德化，后者使任何违反现行法律的人同时成为"恶人"。法权对个体提出的要求是合法性，即要求个体合乎义务地行动；而道德，即合乎义务的行动的"动力"，与法权体系无关。

法权与道德的这种基本区分，一直被视为康德在实践哲学中也固执坚持二分思想的标志，人们认为他没能实现对立面的调解乃至和解；康德始终被视为坚持有限性的哲学家的代表。因此，黑格尔在其法哲学中构想了一种将抽象法权与道德统一起来的新伦理，而很多人赞同他这一点——主要是一些推崇一种无政府社会因而无需上述区分的乌托邦主义者，还有一些宣扬新型"民族共同体"的保守派理论家。这些"批判者"主要对康德的如下论点感到不满，即法权与"行使强制的权力"紧密相连（参见 MS B 35），而强制在他们看来又与一切人的自由不能相容。康德为此的辩护是，只有当那些利用自身自由去妨碍他人自由的人被阻止时，每个人的自由才能与其他所有人的自由相协调。但这种与强制联系在一起的阻止自由的准则，必须始终是一种"普遍的自由法则"：在任何情况下都要保证不同个体的自由共存；康德的惩罚理论也以这样一种"阻止对自由的阻止"思想为基础。

就道德理论而言，由此可以得出一个结论：与法权不同，道德要求的是执行非强迫的命令；康德《道德形而上学》的另一部分"德性论的形而上学初始根据"正好讨论了这个主题。

作为纯粹的理性原则，法权观念甚至适用于自然状态，康德将自然状态理解为这样一种状态：其中每个人都将自己的权利掌握在自己手中，因此"彼此面对暴力行为时绝无安全保障"（MS B 193）；所以自然状态并非某种不公正的状态，而是一种法权缺失的状态。现在，为了实现法权，人们必须遵循一个"原则"："必须走出那种每个人只听从自己想法的自然状态"，并且"首先要进入一种公民状态"（MS B 193）。① "公民的（bürgerlich）"一词，在这里不能以社会学的方式理解为居民中特定阶层或等级的标志，而是拉丁语概念 civilis 的翻译；这个词指作为国家公民（cives）的特性，因为国家（civitas）直至黑格尔之前通常都被定义为"市民社会"（bürgerliche Gesellschaft，societas civilis）。康德与霍布斯、洛克和卢梭一样，将"公民状态"本身理解为这样一种状态，在其中"每个人所应享有的权利通过法律加以确立，并由一种足够强大、外在于个人的权力来保障"（MS B 193）。

康德与前人一样，也使用了"一切人与一切人的契约"这个说法，使得具备实现力量的法权状态从自然状态中产生；他也认为，"如果任何一个人对所有人和所有人对任何一个人都做相同的决定，那就形成了一切人协调一致的共同意志，只有这个意志，因此只有普遍联合的人民意志才能是立法的"（MS B 195 f.）。但不能将这一契约缔结理解为历史事件，只能将它理解为建立国家的行为的理念，"据此才能理解建立国家的行为的合法性"（MS B 198 f.）。与霍布斯

① 黑格尔也援引了霍布斯的命题：*Exeundum ex statu naturali*（必须走出自然状态），并表示赞同。参见 Hegel 10，311 f.。

和洛克不同，康德不满足于将契约缔结仅仅归因于自然状态下人对安全和财产的理性自利考量，也不仅视之为如何能够最大化实现这种利益的战略性思考。在康德看来，国家作为"一群人在法权法则下的联合"（MS B 194）是法权观念的实现，是理性所必然要求的人类自我实现的产物；因此，从自然状态转向法权状态，对人而言不仅仅是出于审慎理性的选择，更是一种义务。

就这样，康德从纯粹实践理性出发，不仅演绎出了法权，还演绎出了国家——不是实在的国家，而是"国家本身的形式，即'国家按照纯粹法权原则应如何存在'这样一个理念中的国家，任何形成一个现实的共同本质（国家）的联合……都应以它为法权准绳（*norma*）"（MS B 195）。康德的标准国家概念就是：任何国家都不应仅仅是一种强制机构，它是法权国家和法则国家，这里法权与法则按照如下"先天原则"衡量。"1. 作为人，社会中任何一个成员的自由。2. 作为臣民，任何一个社会成员与任何其他社会成员的平等。3. 作为公民，一个共同体的任何成员的独立。"（ThP A 235）从我们今天的眼光来看，这里缺少了博爱或团结的理念，这是我们的基本法通过社会福利国家原则要保障的；康德将它们移交给不能以法律方式强迫的德性义务领域。同时，康德仅限那些独立个体具有公民权，就是说，那些在经济上独立的人，不管是通过财产还是一个可以养活自己的职业；康德认为，只有他们才依据原始契约理念享有立法选举权（ThP A 244 f.）。康德还从这种国家观念推导出三权分立原则；任何合法的国家都包含"立法者人格中的统治权（主权）、治理者人格中（按照法律）的执法权和审判者人格中……的司法权"。让人惊讶的是，康德试图证明这个从孟德斯鸠那里接受来的模型是唯一理性的模型，通过断言这个模型在形式上符合"实践理性推理中的三个命题"（MS B 195）。

在康德的国家理论中，尤其值得注意的是统治者等同于立法权。相反，"国家的摄政者"（rex, princeps）具有执行权，但并不高于法律；对康德来说，摄政者只是"国家的代理人"（MS B 200）——这一表述可视为呼应了年轻的弗里德里希二世所说的国家"第一公仆"。因此，康德说："一个政府，如果它也掌握立法权，那就应该被称为专制的。"（MS B 200）类似地，如果立法权或行政权也将司法功能揽入自身，也将导致专制（参见 MS B 201 f.）。事实上，康德的理性国家是卢梭意义上的共和式国家，因为他将真正的主权只归给"普遍联合的人民意志"（MS B 196）。无论这种主权以何种形式实现——无论是以专制的、贵族制的还是民主制的（参见 MS B 238 f.）——判断其合法性的标准始终是："关于人民自己的事情，如果人民自己不能决定，立法者也不能为人民决定。"（ThP A 266）至于现行国家法权中存在的明显弊端，康德认为，人们有义务努力使"宪法与法权原则达成最大程度的一致"，因为这是"理性通过绝对命令向我们提出的要求"（MS B 203）。不过，康德认为只有通过立法的统治者主导实行的改革才能见到成效，而不是革命（参见 MS B 208）；康德也将合法抗议权视为矛盾的东西而将其排除出法权状态：在违法状态中不可能有法权（参见 MS B 206）。

对康德来说，绝对命令向我们要求的"宪法与法权原则最大程度的协调一致状态"，表达出作为最高法律的"国家的福祉"；他援引了："*salus rei publicae suprema lex est*（国家的福祉是最高的法律）"（MS B 202）。因此，这也构成一切政治的至上准绳，不仅国内法如此，国际法也是如此。在国家间的相互关系方面，也以相同方式得出"必须走出自然状态"这个结论。霍布斯的第一条自然法是："寻求和平！"（Hobbes I，XIV），但这只是一个纯粹机智的处世规则；对康德来说，一切民族之间的和平是一种"理性理念"，确切地说，并非作为单纯有利的或伦理—博爱的原则，而是作为"法权的原则"（MS B 259），这个原则最终由绝对命令本身所要求。因此，"永久和平"不是空洞幻想，因为"道德—实践的理性在我们心中宣布其不可抗拒的否决权：不应有战争；既不应有处于自然状态中的你和我之间的战争，也不应有作为我们的国家之间的战争"，这种战争持续威胁着我们（MS B 264）。与此相应地，这里也适用："应然"包含"能够"。在其后期著作《论永久和平》（1795）中，康德以一种全世界的和平契约形式具体阐明这种"能够"。正如康德所示——这种状态是"一群人在法权法则下联合"（MS B 194）——他再次使用契约形象，为了表明实践理性绝对要求的"公民状态"如何能够扩展到世界范围，也就是扩展为"世界公民状态"；它将在"一种普遍由法权掌管的公民社会"中实现（IAG A 394）。

康德认为，这个目标同时标志了一切政治的至上法权准绳，康德将之规定为"行使法权论"（ZeF B 71）。这并不意味着世界历史就是一个"初级法院"

（俾斯麦），或者说，法学家应掌管政治；康德唯一关心的是，"治国才能原则"与"道德"的协调一致，也就是说，与形式原则的协调一致：我们在政治中也必须使我们的行动遵循可普遍化的准则，并以世界公民尺度上的内外和平为己任。对康德来说，这正是"有道德的政治家"的真正内涵——与"政治的道德主义者相区别……，后者谋划一种有利于政治家利益的道德"（ZeF B 76），然后将道德用作政治工具。正如康德所言："真正的政治如果不事先宣誓向道德效忠，那就不可能迈出任何一步，而且尽管政治本身是一门艰难的技术，但它与道德的结合却并不是技术。"（ZeF B 97）因为绝对命令所要求的东西，即世界公民状态是可能的，否则它也将不会被无条件地要求。

康德在反思整个历史的意义时也将这种思想用作最高指导原则。即使这里的一切也能按照普遍自然法则发生，科学的历史哲学也会失效，因为人并非单纯"按照本能行事，就像动物那样，也不会像理性的世界公民那样，完全按照一种约定好的计划行事"（IAG A 387）。人们既不能通过观察发现历史整体的终极目的，也不能通过将人类所有行动关联到某个共同行动目的来查明。"人类"并不是历史中的行为主体，历史中存在的始终是个体的人——他们设定目标、追求目的，其结果如此混乱，以至于"人们根本不知道，应该怎样理解我们这样一个自夸其各种优点的种族"（IAG A 387）。为了避免陷入绝望，康德向我们提出了"关于一种世界公民观点的普遍历史的理念"，按照其中的观点，人们必须思考，是否"可能在人的事情的这种看似混乱的进程中隐藏着自然目的"（IAG A 387），一种隐秘的自然目的。康德认为，这种"自然目的"可能在于，人在其历史过程中应充分发展其自然禀赋，而康德表明，这最终只有在"世界公民状态"中，即在一种世界范围内的"普遍由法权掌管的公民社会"框架下才可能。康德本人正是以这种"世界公民的目的"对历史进行反思的，因为这些反思有助于接近世界范围的法权状态下的和平目的。因此，在康德那里被称为历史哲学的内容，实际上属于实践哲学的补充。

宗教

康德的宗教理论同样衔接于实践哲学。康德为什么在驳倒了上帝存在的证明之后，又转向上帝问题？

是否仅仅像海涅所言，出于对他的仆人兰普的人道主义之爱，或者甚至出于一种多愁善感？实际上，康德从未停止思考上帝问题，因为他确信我们的整个形而上学传统无法解决这个问题；但人们不能在哲学上证明上帝存在，这并非意味着"上帝"问题已变得多余。《纯粹理性批判》曾提到"哲学家的上帝"，即"本源存在者"（*ens originarium*）、"最高存在者"（*ens summum*）以及"一切存在者的存在者"（*ens entium*）（B 605 f.），没有这个存在者，理性主义形而上学的体系将是无根基的和不完满的。康德认为，这种上帝概念在批判哲学中也具有现实意义，即作为

> 理性的调节性原则，要求我们把世界上的一切联结都视为仿佛源自某种最充分的必然原因，并据此建立起系统性解释所遵循的普遍法则之必然统一性。（B 647）

人们不可能与一种"仿佛"形式的上帝建立某种宗教关系；这种上帝的意义在这里仅在于对世界认识的组织功能。但宗教不涉及科学认识，而是涉及信仰，亦即康德所说的一种主观上充分但客观上被认为不充

分的认信（参见 B 850）。这种被信仰之物的状态，恰恰适用于"纯粹实践理性的公设"，康德在《实践理性批判》中引入这种公设；它们是主观上必然的假设，当我们试图弄清绝对命令向我们提出的那些要求的整个范围时，我们就不得不接受这些假设。这里涉及的无非是那样一种命令：努力实现德性与幸福完美统一；这是"最高的善"。幸福在这里并不能被视为有德之人因配享幸福而希望补充进来的单纯附属品，以便他能够从其德性中也获得某种东西，而是因为根据绝对命令，人作为人格绝不是单纯手段，而是最终的目的本身，所以如果任何人"需要幸福，且也配享幸福，但没有享受幸福"（KpV A 199），那么它的"善"就不是完满的最高的善。

只有当灵魂不朽——当它有足够时间无限趋近最高的善（参见 KpV A 220）——且上帝存在时，这种最高的善才"在实践上是可能的"（KpV A 203）。因此康德认为，"假定上帝存在是道德上必须的"（KpV A 226），因为只有这样才能解释，世界为什么恰好被这样安排和引导，以至于我们应通过自身行为追求的最高的善，原则上也可以实现。因此，宗教是康德对三个主导问题之第三个（"我能够希望什么"）的回答，如果我有理由将自己理解为道德存在者；但按照康德，如果一个人只是为了这种希望而想要成为道德的，那么他自然就没有真正的道德性基础。在这个意义上，他的那个著名定义也就可以理解了："宗教是（从主观角度看）对作为上帝指令的我们的义务的认识"（Rel B 229）——就是说，这并非倒退回旧约式的、他律的伦理学，因为康德已经将道德建立在理性存在者的自律之上。在"启示的……宗教"中，"我必须首先知道某事是上帝的指令"，与这种启示的宗教不同，"自然的宗教"则是"我必须首先知道某事是义务，然后才能承认它是上帝的指令"（Rel B 229）。如果这对我来说是可能的，那么我也有理由期待实现"最高的善"。

对康德而言，"自然的宗教"这一概念正是他1793年的著作《纯然理性界限内的宗教》的核心主题。康德在这本书中对基督教理论给出了全面解释，完全在理性圣经批判的启蒙传统框架内，这个传统试图将理性抬高为宗教信仰的衡量尺度；在康德那里，标准是道德的特殊合理性，因此"教会信仰……将纯粹的宗教信仰当作其最高解释者"（Rel B 157）。于是，圣经中的原罪理论，又一次出现在康德对"人类本性中的极端恶"的深刻的、激怒所有启蒙的乐观主义者的思考中，康德将这种恶解释为人的一种倾向，即自由地将那些道德上恶的准则，而不是善的准则提升为行动的推动力；但这里似乎不存在来自外部的解救办法，而只有让人自由地转向善，这是道德法则无条件的要求，并因此也必然是可能的（参见 Rel B 48 ff.）。因此，"上帝之子"也不是上帝派遣下来的救世主，在康德看来只是"善的原则的人格化的理念"，其中仅包含"在道德上彻底完满的……人性"（Rel B 73）。因此，历史上的耶稣只是"福音导师"，他虽然通过"无辜而值得赞扬的受难至死"来确证其教义，但他"复活和升天的故事，不论其历史评价如何，不能被用于纯然理性界限内的宗教"（Rel B 192）。这使康德遭到出版禁令，但这也不会让人感到惊讶，考虑到主要由神学家主导的普鲁士书刊检查机关还读到的内容："凡是自认为为了让上帝喜悦，除了善的生活方式之外还能够做的事情，都是纯然的宗教妄想和对上帝的伪侍奉。"（Rel B 260 f.）康德进一步指出：

从通古斯萨满到同时治理教会和国家的欧洲高级教士，或者……从清晨把一张熊皮的爪子顶

— 141 —

在头上，简短地祈祷"勿杀我"的完全感性的乌古伦人，到康涅狄格州高贵的清教徒、公理会教徒，虽然有风格上的巨大差异，但原则上别无二致。因为就这一点来说，他们统统属于同一类别，即那些将本质上不能使人更完善之事（对某些规章性信条的信仰，或者对某些任意戒律的履践）视为侍奉上帝之人。(Rel B 271)

因此，宗教不仅必须停留于"纯然理性界限"内，也要停留在道德领域里——作为我们有根据的希望的整体，一种"善的生活方式"使我们有资格拥有这些希望。

人的理性

理性批判，无论是理论理性批判，还是实践理性批判，都只涉及我们人的理性，这一点是清楚的，因为神圣的理性不需要批判；它的认识并不受任何需要探明的界限所限，理性批判正是以此为任务；它作为实践原则也与"应然"无关，而实践理性批判正是要阐明应然的可能性与根据。康德在《纯粹理性批判》的"方法论"中说："我们理性（无论是思辨理性，还是实践理性）的一切兴趣集中于如下三个问题：1. 我能够知道什么？2. 我应当做什么？3. 我能够希望什么？"（B 832 f.）只有一种有限的理性才可能对这些问题感兴趣；一种绝对的理性根本不可能有任何兴趣，因为它自己就是充分完满的。我们理性的有限性在康德著作中尤其表现在他所构建的纯粹理性体系也碰到一个界限，这个界限在体系本身中被详细指出并证明。

当然，这样也产生出一个问题，有限理性的人性到底包含哪些内容：这种理性概念与作为人学的人类学是什么关系？

体系的界限——判断力

仅从康德意识到不得不写第三批判——《判断力批判》（1790）这个事实来看，这种界限就已十分明显。判断力对他来说是"归摄到规则之下的能力，也就是分辨某物是否从属于某个给定规则"（B 171；中译第 135 页）。因此，判断力本身就是与作为规则能力的知性、作为原则能力的理性并列的另一种思维能力。判断力的特殊性在于，它不像知性与理性那样被各种规则限制；它是一种开放的能力，因为判定某物是否归摄于一种给定的规则，这一判断本身无法再依据另一规则进行：如果人们打算这样做，那么这种规则运用又需要一种规则，进而为规则应用的规则制定又一规则，如此以至于无穷（参见 B 172）。因为人们缺乏明确的规则，所以无法教导应如何使用判断力，最多只能通过练习；康德认为它是"所谓天赋机智的特性，它的缺乏不是任何学习所能补偿的"（B 172）。因此：

"判断力的缺乏是我们所谓的愚笨，这种缺陷根本无法补救。"（B 173 注释部分）[1] 我们理论的理性运用和实践的理性运用（本就是一种在不同领域中的规则运用）离不开判断力，这就是我们理性的有限性的一个明确标志：判断力的不可或缺性意味着我们理性运用的结果绝不可能完全被预知，而一种无限的、绝对的理性永远不会对任何事情感到意外。

在全面的理性批判计划的框架内，判断力的批判因此就值得追求，因为无论是将其认识能力限定于知性的理论理性批判，还是实践理性批判，都无力承担这项任务；尽管判断力在这两个领域也会出现，但并非作为具有独立应用领域的特殊思维能力。然而，判断力批判不仅是受欢迎的，事实上也不可或缺，这一点明确了一个问题，如果一种纯粹理性的哲学最后决定划分为理论理性与实践理性，那么它就会碰到这个问题：实然与应然、自然与自由最终如何相连？义务在道德、法权、政治和历史领域向我们提出的要求，如何保障其在实际存在的世界中是可能的且还能够实现？对于这个问题，我们没有可先天证明的答案，这

---

[1] 席勒有诗言："与愚笨斗争，诸神也徒劳……"（*Die Jungfrau von Orleans* III. 6）

也可以从如下事实得出，即我们的理性不是绝对的；我们显然不能使用上帝视角，使所有差异之物都在更高的统一中扬弃。在这种情况下，康德将判断力批判理解为"将哲学的两个部分联结为整体的中介"（KU B XX），旨在阐明，在理论领域里通过知性而发生的"通过自然概念的立法"，与在实践领域里通过理性而发生的"通过自由概念的立法"（参见 KU B XVII），不能彼此隔绝。因此，《判断力批判》涉及纯粹理性哲学体系的最终完成，就是说，涉及自然形而上学与道德形而上学的内在关联。这就解释了为什么一个分为两部分的哲学体系的奠基却需要三种批判（参见 KU B XXX）。

问题的核心在于实然与应然、自然与自由、知性与理性的过渡——但判断力如何使这种过渡成为可能？康德认为，必须区分该能力的两种运作方式：

> 一般而言，判断力是把特殊归摄于普遍来进行思维的能力。如果普遍的东西（规则、原则、法则）被给予了，那么，把特殊的东西归摄在普遍的东西之下的判断力……就是*规定性的*。但如果只有特殊的东西被给予了，判断力为此必须找

到普遍的东西，那么，这种判断力就仅是反思性的。(KU B XXVI)

当谈到自然与自由在全面的哲学体系中的内在关联时，我们恰恰处于第二种状况。首先需要将众多经验性的自然认识纳入一贯穿始终的关联体系，只有这样才能探究，作为整体的自然王国如何与自由协调一致。在两种情况下，我们要通过反思去"发现"连接起分离要素的纽带。

客观合目的性：生命

康德认为，这里的关键是目的概念。"目的"这个词可以理解为"一个客体的概念，若某概念同时包含该客体的现实性的根据"，而合目的性即指"一个事物与其唯有通过目的才可能具有的状态之间的协调一致"(KU B XXVIII)。相应地，如果一个事物的特性与其存在的目的相符，那么我们就称这个事物为合目的的。当涉及我们为自己设定的主观目的时，合目的性不是问题；但这里涉及的是自然，也就是说，涉及客观目的。亚里士多德的物理学传统说到底就是从这种客观目的出发，解释自然事物的存在、特性及其相互之间的内在关联；它呈献出一个目的论的（希腊语 *télos*——目标、目的）世界图景，并以一切目的之上的终极目的作为最高指向。然而，近代自然科学则完全依据因果解释模式，即以原因和结果的关系来运作；因此自然的统一性就成了问题，因为如果人们局限于个别的因果关联的分析，就无法再说明，是什么将这些纷繁复杂的因果关联集合于一个清晰整体（参见 KU B XXXV）。这甚至也适用于对个别有机体的科学研究：即使我们能够对它们的每一个细节进行因果解释，从而回答所有"为什么"的问题，也仍然无法回答"为了什么"的问题。在这个意义上，康德否认我们可以指望有朝一日再出现这样一个"牛顿"，他"甚至连草茎的无目的生长也都能够根据自然法则进行解释"（KU B 338），也就是说，能够向我们指出一种目的，这个目的是将一切个别部分与特性组织成这样一个活生生的整体的根据。

近代自然科学不使用客观目的，因此无论关于生命的存在，还是自然整体的结构问题上，或是自然与自由可能的关联，只要我们不想放弃自然中的"为何目的"问题，那就只能诉诸反思判断力："自然在其杂

多中的合目的性"是反思判断力的原则，但这是我们的原则，因为

> 人们不能将自然产物本身视为具有目的性关联，而仅能运用此概念，以便依照经验法则对自然现象的联系进行反思性考察。（KU B XXVIII）

因此康德认为，通过反思判断力的形式，有机生命世界也能被重新纳入自然科学，其特殊性也能被正确对待，他认为没有目的概念这是不可能的。康德认为，这同样适用于将自然整体视为"目的的体系"（KU B 298）；他甚至说"目的论原则是自然科学的内在原则"（KU B 304），即如果自然科学涉及整个自然；乍一看，这似乎会导致向亚里士多德主义的回归。自然与自由在一种"世界存在的最终目的"观念下的统一，是很少被阅读的《判断力批判》"方法论"部分的主题，这部分内容甚至可能会让人觉得退回到了创世神学的路径（参见 KU B 396 ff.）。事实上，所有这一切都只是假象；这里涉及的始终是反思判断力强加给我们的一种"仿佛"，切不可将它与客观认识混淆。

目的概念不是经验概念，因为科学的自然经验并

未向我们展示任何目的。目的概念也不是纯粹知性概念，这意味着，知性"不能"就涉及目的的东西为自然"规定法则"（KU XXXIX）。理性只能产生与自己的行动相关的目的，而这只涉及应然而非实然。康德认为，我们已经具备"目的"和"合目的性"概念，我们首先在实践领域里熟悉了这些概念；他的论点是，我们对自然的思考不能没有这两个概念，我们在此必然会引入它们。因此，自然的形式的合目的性原则——一切有内容的合目的性命题的前提——具有判断力的先验原则的地位；它的起源和功能定位就在这里："先验原则，是指那种将事物规定为我们认识对象的一般先天条件的原则。"（KU B XXIX）自然的形式合目的性这一先验原则确定，面对那些无法用知性认识手段理解的自然现象应如何"做出判断"（KU B XXXI）；因此，它不是为自然，而只是为我们关于自然的反思规定法则要求（参见 KU XXXVII）。对自然的合目的性的反思性规定，同时指向"对我们的认识能力而言"的自然的合目的性：

自然在其特殊法则的多样性中与我们寻求原则普遍性的需求相协调，按照我们的一切见识来说，这种设想的协调性必须被评判为偶然的，但对我们的知性需求来说又不可或缺，因而作为合目的性，自然借此与我们仅指向认知的意图协调一致。（KU B XXXVIII）

主观合目的性：美和崇高

如果通过反思判断力确实成功将自然现象解释为合目的性的，并因此将它解释为与我们认知的目的协调一致，那么这一结果就包含客观和主观两个维度。在客观方面，判断力基于自然目的将自然的东西本身表象为合目的的，但这并非对反思意识没有反作用。这里康德指出，被判断为合目的的自然与我们认知意图的协调一致的经验，必然会与愉悦感相结合（KU XXXIX）。

为了正确地理解这种观点，这里必须提醒人们注意，康德所使用的感觉（Gefühl）这个概念 18 世纪初才出现（参见 Franke）。感觉（Gefühl）与感受（Empfindung）、情感（Emotion）或者情绪（Affekt）的区别在于，它不是直接通过外部的或内部的知觉产生，而是意识对知觉、经验还有意志活动以及甚至思维的一种反应方式；感觉是二阶情感。受虐狂享受痛苦；暴躁者在发怒时感到"好"；想要戒烟的人当拿起下一支烟时，有一种"坏"的感觉；好的想法大多数情况下也和好的感觉相结合。然而，与自沙夫茨伯里、哈奇森等人以来的感觉理论家不同，康德没有区分"好的"和"坏的"感觉——这种区分可能会让人以为这里涉及道德——而是区分了"愉快和不快"的感觉。康德认为，如果在一个对象表象上出现愉快感觉，那么我们不是认识了任何客观的东西，而只是经验到，当我们主观地表象这个对象时，它就按其形式与"在反思判断力中加入进来的那些认识能力"相协调；愉悦感"因此单纯表达客体的一种主观的形式的合目的性"（KU B XLIV）。

康德将一个对象表象的这种主观合目的性称为这个表象的审美性状；借此我们并未获得关于对象本身的认识，但我们仍能据此对表象的对象作出判断。这种贯穿始终的主体关联性，使审美的判断力区别于目的论的判断力，后者反思性地指向客观的自然目的和合目的性。

康德通过这种审美判断力理论开启了现代美学传统。这里不再是《纯粹理性批判》"先验感性论"

（Transzendenlalen Äslhelik）中涉及的感性知觉理论
（希腊语 *aisthesis*），而是对亚历山大·戈特利布·鲍姆
嘉登（Alexander Gottlieb Baumgarten，1714—1762）开
创的"美学"（Ästhetik）——一种感性认识的理论
（即"低级的"［gnoseologia inferior］认识，相较于作
为"高级认识"的逻辑认识）——的批判性发展。康
德接受了鲍姆嘉登对逻辑判断、审美判断和伦理判断
的区分，以及那个命题：审美活动作为一种特有的进
入现实性的方式具有其特殊地位。当然，他的新颖之
处在于，他根本上否认审美判断涉及认识：审美活动
是纯粹主观的；它涉及意识在面对对象表象中所体验
到的主观合目的性时所产生的愉快和不快的感觉，也
就是说，某种"根本不可能成为任何知识成分"（KU
B XLIII）的东西。

我们在审美判断中，将某物判断为主观上合目的，
并因此伴随着一种愉悦感，而且不仅对个人有效，而
是假定它"对任何一般而言的判断者"都有效，那么
此物"就被称为美，而通过这样一种愉快（因而也是
普遍有效地）作判断的能力就叫作鉴赏"（KU B
XLV）。因此，康德的美学属于 18 世纪的趣味美学范
畴，这种美学对抗形而上学与神学的要求，以及道德

与政治的侵蚀，全力争取艺术的独立地位。自柏拉图以来，美就被理解为理念、神圣之物或者绝对者的感性现象；鲍姆嘉登也将美定义为："美是现象中的完善，广义上说，这种完善在鉴赏中可被知觉到。"（转引自 Delekat 385）美和完善的这种结合同时意味着向艺术的道德化敞开大门，也就是说，如果人们由此出发期待一种道德完善的感性化。康德在美学史上的划时代贡献在于，他通过审美判断力理论，真正奠定了自文艺复兴以来就不断重申的审美与艺术自主性。

按照《纯粹理性批判》中的方法论范例，康德开始分析审美判断力所产生的东西：鉴赏判断。"这里所依据的鉴赏的定义是：鉴赏是评判美者的能力。"（KU B 4 注释部分）美介于适意与善之间。"在感觉中使感官喜欢的东西就是适意的。"（KU B 7）"借助于理性而单凭概念就使人喜欢的东西就是善的。"（KU B 10）适意与善都和各自的利害相联系，而鉴赏指向"通过无关利害的愉悦或厌恶而对一个对象或表象方式进行评判的能力。这样一种愉悦的对象就叫作美。"（KU B 16）此外，这种无关利害的愉悦，在鉴赏判断中被假定为普遍适用于所有人的情感反应，只要他们具有鉴赏能力，尽管这种普遍性无法证明："美是无需概念而普遍让人适意的东西。"（KU B 32）这种普遍性虽然是主观的，但它使美的东西能与适意的东西区别开来，因为愉悦只是私人的东西。康德进而补充，美在鉴赏判断中被评判为合目的性，而无需在这里引入某种特定的目的，这种"无目的的合目的性"构成了必然的、任何人都"可以感觉到的"愉悦基础（参见 KU B 32 ff. 以及 B 61 ff.）。

至于这种主体间的必然性，康德以"共感观念"为依据（参见 KU B 64 ff.）；我们必须使用这个观念，因为没人能否认我们可以分享并交流审美体验。康德认为，如果没有共感，审美活动就只是个别主体的单纯私人体验，因此相关讨论也就毫无意义。共感与知性的区别在于，它不是客观的认识能力，而只是为如下假定提供基础：美能普遍取悦于人，即具有主体间的可通达性。康德共感理论的基础是他的那样一种信念：像感性、想象力、知性、判断力以及理性这些意识能力，所有人都具有相同结构；若如此，那么审美判断力所诉诸的主观合目的性也适用于所有人。"美的分析论"康德写得相当概括，他只简单遵循了《纯粹理性批判》的范畴表；尽管这无疑富有启发，但人们可能质疑，他对美的四个规定是否真的在概念上相互独立。总体上来看，美处于感性与知性之间；按照康德，当面对特定对象时，我们的两个认识能力——感性的认识能力和概念性的认识能力——处于一种自由的协调状态，也就是说，处于既非感性强迫也非概念派生的协调状态，那么就产生主观合目的性的审美经验（参见 KU B 68 ff.）。

但我们同样拥有理性，按照康德，感性与作为"更高的认识能力"的理性之间自由的相互协调，使我们产生一种特有的审美体验：崇高感。崇高曾是 18 世纪美学的一个重要主题，而康德曾通过《论优美感和崇高感》（1764）参与了对崇高的讨论，当时他以鲍姆嘉登和摩西·门德尔松（Moses Mendelssohn，1729—1786）的观点为出发点（关于此可参见 Irrlitz 359）；但只有在《判断力批判》中，崇高才被建立在一种批判的基础之上。在崇高的"精神感觉"中，主观合目的性面对特定客体不是关联于知性提供的自然概念，而是关联于在实践理性中建立的自由概念（KU B XLVIII）。这种经验在如下情况下会出现，如果我们面对某种彻底超出任何主观估量的宏伟强大的东西——康德在这里主要指一些可怕的自然现象——但"我们感觉到安全"，并且尽管我们所体验到的这个对象给我们带来如恐惧和惊恐等情绪，但我们觉察到自己是理性存在者，就是说，觉察到自己尽管对外部和内部自然有依赖，但也超越于自然（参见 KU B 106）。与对美的分析相比，很少有人继承康德的崇高分析。①

人们一再批判康德，说他只是给出了一种审美判断力理论，但没有给出一种艺术品理论意义上的艺术哲学。这种批评根本上说源于黑格尔，他在其《美学讲演录》中指责康德，说他只停留于审美经验的单纯主观性，而艺术本应被表达为审美的主观性与客观性的统一（参见 Hegel 13，88 f.）。黑格尔的传统，一方面缺乏更大哲学抱负地在艺术科学中延续，这门学科在 19 世纪初成为大学里的独立学科；这个传统的另一批"继承人"则是向黑格尔主义看齐的马克思主义者，如格奥尔格·卢卡奇（Georg Lukacs）、恩斯特·布洛赫（Ernst Bloch）、特奥多尔·W. 阿多诺（Theodor W. Adorno），但还有一些解释学一派的、主要受马丁·海德格尔（Martin Heidegger）启发的艺术理论家，比如汉斯-格奥尔格·伽达默尔（Hans-Georg

---

① 在我们今天，这里让人想起让-弗朗索瓦·利奥塔（Jean-François Lyotard）及其 1983（德译本 1987）年的著作《异识》（*Le diferend*）；也可参见 Pries。

Gadamer）。尽管如此，黑格尔的批判并非真的完全合理。无论如何，康德也讨论审美经验的对象，当然他的讨论并非仅限于艺术作品；对他来说，自然美理论是根本，这一点在审美的反思判断力导论部分的上下文中就已经可以得出：此时，愉快或不快的感觉对应于这种主观经验，即被评判为合目的的东西适合于我们的认识需要，进而在客观方面将它理解为具有目的论结构；这里首先根本没有区分自然对象与人工制品。在这个意义上，康德写道："美的艺术是那样一种艺术，它看起来同时就是自然。"（KU B 179）关于崇高经验，他也仅仅通过例举自然现象来说明——除金字塔和罗马的圣彼得大教堂以外（参见 KU B 88）。黑格尔则将自然美驱逐出美学领域——他的依据是，只有艺术是美的，而艺术是"精神"，不是自然；他甚至试图用他那著名公式"美将自己规定为……理念的感性显现"（Hegel 13，151），使艺术哲学退回到传统完善美学的道路上。阿多诺在其《美学理论》中为自然美恢复了名誉（参见 Adorno 97 ff.），但他并没有放弃黑格尔的前提。此外，黑格尔主义的康德批判者通常忽视，《判断力批判》也包含一种天才理论和一个艺术系统草图（参见 KU B 181 ff.）。

康德还是黑格尔？这个争论在美学领域至今尚未平息。但事实上，康德看起来更像一个现代理论家。艺术早已"不再以美为特征"①，因此，黑格尔将艺术界定为理念的感性显现之美的做法，实则不合时宜。相反，在康德那里"主观合目的性"与美并无必然关联；与之相关联的"愉悦与不悦的感觉"也能指向另一种审美品质，这正是现代艺术的实际状况。康德主义者对黑格尔及其追随者提出的反驳是：艺术不是"绝对精神"。不存在所谓的艺术形而上学。审美只是我们有限的主体性内部的事情，正如作为审美经验之基础的反思判断力所揭示的那样；只有由此出发才能从根本上理解审美活动相对于理论活动与实践活动的特殊地位。上帝既不知道自然美，也不知道崇高，更不需要艺术。

人是什么？

从 1765 年开始到 1796 年结束自己的整个教学活动为止，康德都定期开设逻辑学课程，按照当时大学

---

① "不再美的艺术"这个表达出自 H. R. 雅奥斯（H. R. Jauß）；参见 Jauß。

的习惯根据一本标准教材讲授；他在教材合订本的空白页上做了旁注，并增加很多解释。1798 年，他邀请学生戈特利布·本雅明·耶舍（Gottlob Benjamin Jäsche），哥尼斯堡大学的一个编外讲师，将这些材料改成手册的形式并出版。1800 年问世的"耶舍逻辑学"，今天人们可以将它看作一个系列讲座笔记，其中又出现在《纯粹理性批判》中提出的那三个著名的基本问题："1. 我能够知道什么？2. 我应当做什么？3. 我能够希望什么？"但在这里又增加了一个问题："4. 人是什么？"（Log A 25）对此，康德说：

> 形而上学回答第一个问题，道德回答第二个问题，宗教回答第三个问题，而人类学回答第四个问题。但事实上，人们可以将所有这一切算作人类学，因为前三个问题与最后一个问题相关。（Log A 25）

由此可以得出这样的结论，康德哲学总体上来看是人类学的，即关于人的一种哲学；在康德看来，前三个理性批判问题与第四个相关，这可能造成如下印象，即"人是什么"是康德哲学本身的基本问题，而前三个问题仅仅是"分问题"。① 直至今天,仍有很多康德解释者赞同这种观点;他们都坚持认为,事实上,康德的先验哲学广义上说是人类学的,人们甚至需要从心理学、生理学、进化生物学乃至社会学角度来"破译"它,因为这种哲学只有作为有关现实的人的理论才具有现实基础,而不是作为有关抽象原则的理论。

仅从人类学在康德体系中的地位就足以说明,这种解读方式偏离了康德著作的本意。自 1772/73 年以来,康德每个冬季学期都会讲授人类学,这或许是他最受欢迎也最成功的教学活动,因为他借此吸引了一大批来自其他学科的学生和对哲学感兴趣的门外汉。1798 年他将这些讲座材料整理成书出版,取名为《实用人类学》。在这本书的前言中写道:

> 一种关于人的认识的学说,即人类学,如果是以系统的方式编写的,可以从两种不同的角度

---

① Volker Gerhardt 恰恰就持这种观点,参见 Gerhardt, 121 f. 。进行哲学思考的人会问所有这些问题,Gerhardt 从这个事实出发断言,"按照康德","对他自己存在的本质、价值和目的的追寻"将他引导到那些分问题。这样一种似乎是存在主义式的康德解释忽略了一个事实,即"按照康德",使他走上批判哲学之路的是作为科学的形而上学问题,而不是伊曼努尔·康德存在的"本质、价值和目的"问题。《纯粹理性批判》的第一句是引自培根的话:"*De nobis ipsis silemus*(关于我们自己,我们保持沉默)。"(B II)

展开：生理的角度或实用的角度。生理的人类学旨在探究自然将人塑造成了什么；而实用的人类学则关心人在作为自由行动的存在者时，能够、应当由自己成就什么。（APH B IV）

这段文字足以驳倒认为人类学说构成康德系统化哲学基础的观点。首先，这里说的只是"人学"，就是说，没有谈到认识、科学或者甚至形而上学。然后，这样一种关于人的"认识"（Kenntnis），就其作为生理学的人学而言，需要一种内容丰富的自然概念，就其作为有关人的行动与生活方式的实用人学而言，需要作为"自由行动的存在者"的人的概念，唯有基于这两个概念，两类人学才能接下去讨论，从这些概念能得出什么；而作为人学理论的人类学无法自己给出这两个前提条件。因此，只有在理性批判结束后，当确定我们能够知道什么，不能知道什么，以及道德法则为我们提供自由的理念与希望的根据之后，我们才能问："人是什么？我们是谁？"①

---

① Volker Gerhardt 正确地注意到，紧随三个关于"我"的问题而来的，不是"我是谁？"这个问题，而是"什么是人？"（296）这个问题，因此，人的哲学的自我解释，在康德那里一开始就在作为类的"人类"层面上，在第一人称的视角中进行的。但克尔凯郭尔才第一次谈到一种"个人化哲学知识中心"。

因此，前三个问题确实与第四个问题关联——但不是作为起始问题，而是作为终极问题。康德本人通过区分哲学的学院概念和世界概念来论证这一点：

> 哲学是……哲学的认识体系或基于概念的理性认识体系。这是这门科学的学院概念。根据世界概念，哲学是有关人类理性最终目的的科学。（Log A 23；同时参见 B 867）

康德认为，这些"最终目的"统摄于"人类理性的终极目的，一切其他目的都必须从属于这个最高目的，并与之统一"（Log A 25）。这一最终目的的实质体现于如下命题：世界概念涉及"世界公民意义"上的哲学，即有关康德的历史反思解释为人类"自然目的"之核心东西的哲学："达到普遍由法权支配的公民世界"，唯有在此，人类全部禀赋才能充分发展（IAG A 394 以及 403）。然而，这个目的不仅是实用角度的建议，更是绝对命令的法权的和政治内涵所要求的。因此很清楚，遵循世界概念的哲学以遵循学院概念的哲学为前提条件；它们并非两种不同的哲学。世界概念的哲学也不是对学院哲学的单纯补充，人们有同样充分的理由支持这一点，因为只有在"人类理性的终极目的"视角下，学院哲学本身才变得有意义。按照康德，学院哲学停留于单纯"技巧"领域，而"世界公民"的哲学追随"智慧"目的，因为它向我们揭示"人类理性的那些最终目的"（Log A 23 f.）。因此，人类学也必须"紧跟学院步伐"（APH B VI），因为世界认识与人的认识是哲学智慧不可或缺的部分。

如果以人类学的方式阐释康德的理论，就会导致其理论变样，从如下事实中也可以清晰地看出这一点，按照他的观点，世界概念不以人作为终极目的，而是指向人类理性的终极目的；因此，他的哲学首先且主要是理性哲学，只是在作为体系不可或缺补充的媒介中，才附带地成为关于人的理论（参见 Marquard）。特别是在为伦理学奠基时康德本人就强烈反对人类学化："一切道德哲学完全以其纯粹部分为基础，并运用于人之上，它不仅不借用任何有关人的认识（人类学），而且反而为作为理性存在者的人颁布先天法则。"（GMS BA IX）因此，"实践的人类学"至多只能被思考为伦理学的"经验部分"（GMS BA V）。米歇尔·福柯（Michel Foucault）在其未出版的《实用人类学》法译本导论中指出，康德的理论还不能算作现代的人类学认识论（参见 Hemminger），因此也还没有共享这种认识论的根据问题；这主要是因为，以费尔巴哈为起点、经青年马克思直至萨特的传统，都将现实的人当作哲学认识的对象以及这种认识的先验条件。康德并没有将人及其具体存在当作"终极目的"来解释，而是将人类理性向人提出的任务当作终极目的，人们从这个事实毫无道理地推断出，在康德那里有一种敌视身体、敌视情感并最终敌视人的理性主义（参见 Böhme/Böhme）；康德自己就作为"最高的善"的配享幸福与幸福之间的内在关联的说明，应能纠正那些批判者的看法。

在康德的文本中确实可以找到大量具有人类学色彩的表达。比如，康德在《纯粹理性批判》中写道："我们的本性导致了，直观永远只能是感性的，也就是只包含被对象刺激的方式。"（B 75）也就是说，没有理智直观，这意味着，人这个理性存在者可被感性地刺激。我们是从哪里知道这一点的呢？不是从一种人之存在的现象学得来，更不是从关于人的一种经验科学中得来，而只能通过对我们经验的分析获得；不是简单描述经验如何形成，而是只有通过"剖析"（参见 Prol A 81）"经验所包含的各个环节"（Prol A 87），才能得出感性与知性、直观的接受与思维的自发性的二元对立。人类理性在认识中依赖感性，道德哲学中也有这种依赖性的准确对应物，即实践理性的立法对于一个纯粹的理性存在者来说意味着它自己的一种必然意愿，但对于像我们这样通过感性可在偏好的形式中被刺激的理性存在者而言，这种实践理性的立法不可避免呈现为应当的形式（参见 GMS BA 113）。因此康德说："……这种应当其实是一种意愿，这对于任何理性存在者都是有效的，如果理性在这种存在者中没有实践上的阻碍。"（GMS BA 102）我们同时是两者——感性存在者和理性存在者，我们并非通过单纯人学认识到这一点，而是当我们以关于义务的道德意识为基础，清楚地认识到承担义务意味着什么时，这便是其结果。

康德经常在很多地方使用"我们人类"和"一切有理性的存在者"（比如 GMS BA 90）这样的区分，这可能令人困惑。然而他也强调，我们不认识我们以外的其他理性存在者（参见 IAG A 388 以及 A 397 注释部分）；尽管他认为不能排除其存在的可能性。因此，我们必须保持开放，即承认我们作为有限理性存在者与其他不受人类有限性限制的理性存在者的区别，但这并不意味着康德欢迎神秘主义或宇宙论臆测①；不如说，这只是再次强调了，纯粹理性的理论与实践原则相对于一切人类学的东西的优先性。这里并不是要以某种抽象的东西来对立于具体的人，因为理性并非"更高的"权威甚或是一种形而上学的幽灵；理性是一种能力，康德称之为"原则能力"，与我们不同的其他存在者也可能具有理性，只是我们不知道而已。就我们是理性存在者而言，我们自己就是这些原则的制定者；它们就是我们的原则，我们也能够在感性条件下，在认识与行动的每一个具体情境中加以实现。只有达到这一点，我们才能将自身理解为理性存在者，因为在康德看来，人是一种"具有理性能力的动物"（*animal rationabile*），而且通过自己的不断完善，"能成为理性的动物"（*animal rationale*）（APH B 313），尽管人本身尚未真正成为这种动物。

康德在动物性与合理性的张力领域思考人，这种思考始终对准人的普遍性——人性；因此，绝对命令在已被引用的目的—手段表述中要求："你要如此行动，即无论是你的人格中的人性，还是其他任何一个

---

① 当然，康德自己曾有宇宙论的玄想，但只是在或然性领域，在 ANT 第三章："论行星居民"。

人的人格中的人性，你在任何时候都同时当作目的，绝不仅仅当作手段来使用。"（GMS BA 66 f.）这里人们可能会问：个体在哪里？康德说，人因为那种使他"从一切其他动物中脱颖而出的自我意识特性"（EFP A 487）而是一种"理性的动物"。理性与自我意识的这种结合，不仅激发了心理学式的康德阐释，也激发了存在主义式的康德阐释，后者确信，康德将我们当作经验个体所知道的东西提升为其哲学的基础，而在那些没有将此真正贯彻到底的地方，他必须得到修正。面对他的这些仰慕者，我们也必须为康德辩护。作为他的哲学基础的自我意识所意指的东西，可以根据如下著名表述来说明：

> "我思"必须能够伴随着我的一切表象；否则，某种完全不可能被思考的东西就会在我心中被表象出来，而这就等于说，这表象要么就是不可能的，要么至少对于我来说就是无。（B 131 f.）

从思维者本身来看，这里谈论的是单数第一人称视角，就是说，表象是我的表象，这些表象在我内部得到表象，并因此对我而言是某物。只有通过"我思"，表象才成为我的表象。当然，"我思"并非真的伴随我的一切表象，而只是按照可能性这样说；事实上，如果我"思考 p、q、r"，那么我并不总是思考"我思 p""我思 q""我思 r"。因此，"我思"是一种总已规定着一切我的表象活动的统一功能，它使被表象之物归于作为表象者的我，并且能够作为这样的东西被意识到。康德将这个"我思"以及由它所造成的统一称为"自我意识的先验统一性"（B 132），在"先验"这个词的严格意义上：这种统一性指出那些"先天的普遍条件"，"只有在这些条件之下，事物才能成为我们的一般认识的客体"（KU B XXIX）。因此按照康德，"我思"是我们作为现实的人能够具有自我意识的"先天的普遍条件"；一切我们关于我们自己所知的东西，总已经以那个先验统一性为基础，并且因它而可能。

因此，康德认为任何哲学若自以为能从哲学家的事实性自我意识出发，便已跳过了这一事实：这种臆想的初始点本身已处于若干可被明确说明的前提条件下，因此这种哲学的操作方式必然是循环论证式的：我们的自我认识以及我们关于自然世界与社会世界的知识是经验性的，而如果人们批判地质问，经验是什么，以及是什么使经验成为可能，那么人们不应期待能让人满意的回答。事实上，这是几乎所有经验性的自我意识理论都会犯的错误。但理性主义形而上学传统也曾陷入这一误区；笛卡尔就相信，能够从"我思"（ego cogito）获悉关于自我（ego）的信息：说自我是简单的、不可灭的，并因此作为灵魂是不朽的。康德在《纯粹理性批判》那个非常精彩的篇章《纯粹理性的谬误推理》中的批判，不仅针对坚持"理性心理学"的人，而且为所有自我意识理论家揭示：将"我思"和自我相混淆时会发生什么。"我思"并非我本身，而是指每当思考某事时，总潜在地伴随着"我思"，即"我思考某物"这一意识活动，这也适用于我在思考"自我"的情况。康德将此描述为：

> 单纯的、在自身的内容上完全是空洞的表象：我；关于这个表象我们甚至不能说它是一个概念，它只不过是一个伴随着一切概念的纯粹意识。通过这个能思的我、他或者它（物），所表象出来的不是别的，而只是思维的先验主体＝X，它只有通过作为它的谓词的那些思维才被认识，而一旦将其孤立，我们对它就完全无法形成任何概念；所

以我们陷入了一个永无止境的循环，因为我们如要对它作出任何一个判断，总是不得不已经使用了它的表象。（B 403 f.）

因此，"我思"不包含任何关于我的信息，不如说这种信息总是已经以"我思"为根据，如康德所述："'我思'这个命题……包含一切一般知性判断的形式。"（B 406）因为，按照他的观点，判断是遵循特定规则的思维功能，我们通过这个命题所想到的无非是一切知性功能的基本形式，即杂多的综合统一形式。

康德将这个命题中"我"所意指的东西，理解为"完全空洞的表象"，一种"伴随一切概念的纯粹意识"；他也沿用莱布尼茨的术语，将它称为"纯粹的"和"本源的统觉，因为它是那种自我意识"，即"产生出'我思'表象"（B 132）的自我意识。这样来看，或许我们就可以理解，康德为什么说"我思"是"统觉的本源综合统一"（B 132）。当然，当代学者已经无法完全认同康德的这个命题，即"我"这个词指称某种意识事实，即使是内容上空的意识事实；事实上，"我"是一个索引词，说话者总是用它来指代借助作为其言说和行为主体的自身[1]，它不包含任何更进一步的信息。

　　这就引出了关于主体的问题：如果康德是主体哲学家，就像那些观念论批判者所指责的——那么这个主体到底是谁或是什么呢？这难道不会又导致人类学式的哲学？"主体"和"主体性"这两个术语在他的文本中出现的次数要远低于人们的期待。"主体"这个词经常只是指意识，比如，当他将主体称为"内感官"的对象时（B 68）；康德将内感官理解为内部知觉的媒介，我们通过这种内感官模式中体验到主体性。在上面援引的那段引文中，康德谈到作为"先验主体"的我，说它的"谓词"是一些个别思维，并且我们只能通过它们，即间接地辨认这个我；这里使用逻辑比喻"主词（Subjekt）—谓词"，就是为了强调这里涉及的是思维。在这种语境下，"主体"一词与"先验的"一词结合指向一种摆脱客体化的领域，因为任何试图通过认识来把握它的尝试，都已经在这个领域里且要求这样一个领域。为了避免误解和错误推理，人们最好在这些地方用"主体性"来替代"主体"。先验主体

---

① 关于"Ich"（"我思"的"我"）降格到"ich"（作为索引词的"我"），参见 Tugendhat 68 ff. 。

性——这个词并非意指我们的心理学或人类学特性，不如说意指那些事实上是前主体性的形式、功能、规则和原则整体，因为除了我们与世界的交往，甚至我们的自我认识也都因它而可能。因此，康德的"一般意识"（Prol A 82）这个表达已经非常清楚地表明，这种主体性并非指通常意义上的主体性，也不是指任何个体。如果人们不能区分经验的主体性与先验的主体性，那么康德极具挑战性的尝试——在主体性基础上建立科学与道德的客观性——将毫无希望。

后康德时代

从哲学史的角度来看，后康德时代在康德生前就已经开始。在1781年出版的《纯粹理性批判》第一版没有产生任何充分理解的反响以后，《未来形而上学导论》作为一部开创性的解释性著作拉开了广泛影响的序幕，由此产生了一系列赞同性的评论，甚至产生了一部六卷本的《批判哲学百科全书词典》①。莱布尼茨—沃尔夫传统的哲学家以及通俗哲学首先对他提出猛烈批评，但这并不影响康德哲学在世纪之交主导德语世界的大学。当然，人们并非单纯满足于康德哲学；那个时代具有创造性的独立思想家们，开始主要专注于《纯粹理性批判》的内在困难和所谓矛盾，并提出进一步的解决方案。这里尤其重要的是卡尔·莱因哈

① 编撰者为 G. S. A. Mellin, 1797—1804。

特·莱茵荷尔德（Karl Leonhard Reinhold，1758—1823），他在 1789 年出版了《人类表象能力新论》，它承诺要清除康德批判哲学中存在的一些根本问题；他还通过《关于康德哲学的书信》（1790）和《论纠正哲学家们迄今为止的误解》（1790）这两部著作使康德哲学的影响进一步加强。在这些年里，康德无疑是那个引领着时代的德国哲学家，但同时代的哲学先锋大大超出了由康德所达到的东西，这确实让人产生那样一种印象，就好像康德在他的生命的最后几年已经被时代所超越（参见 Kühn 438）。

"德国观念论"①

对康德哲学更进一步的批判并没有满足于单纯改进，随着费希特《全部知识学的基础》（1794）的出版（年迈的康德于 1799 年曾公开与费希特在这部著作中的立场保持距离），这种批判呈现出一种新的特质；此时的目的是"超越"康德著作，确切地说，是通过完成批判的思维进程，人们认为康德仅行至半途。费希

---

① 这个表达 1848 年后开始流行起来，因其科学与意识形态政治视角，使用时应始终加引号，参见 Jaeschke。

特认为，这里要区分精神和字面。他在 1799 年给谢林的信中写道："康德哲学，如果不按照我们的方式理解，那么就是全然是无稽之谈"（转引自 Höffe 286）；尽管费希特始终坚称，他正是在维护康德哲学。

"德国观念论"始于费希特并由黑格尔推向高峰，其共同目标是通过对康德批判主义的内在批判来恢复思辨哲学的名誉——之所以是"内在的"，是因为他们试图通过将批判哲学方法运用于批判哲学本身而超越有限性立场。黑格尔在 1801 年写道：

> 康德哲学所需要的，就是把它的精神与文辞相分离，并且把纯粹思辨的原理从它所附属的或可能用于推论性反思的其他部分中提炼出来。（Hegel 2，9）

年轻的谢林在 1795 年就曾依据费希特哲学，清楚地刻画出这个"纯粹思辨原理"的特点——在《论作为哲学原则的自我或论人类知识中的无条件者》这部纲领性著作中。这可以理解为：在康德先验主体性理论基础上，重复将世界实体把握为神与自然的统一的斯宾诺莎形而上学，在这里一种绝对自我替代了神的位置。黑格尔首先加入这个计划，由此看来，甚至费希特也因其作为绝对事实行动的自我哲学而显得是过于"主观的"（参见 Hegel 2，52 ff. 以及 393 ff.）。黑格尔在其《精神现象学》中说："我认为……一切的关键在于，不是将真相把握和表达为实体，而是同时把握和表达为主体。"（Hegel 3，23）这意味着：在新的思辨哲学中，斯宾诺莎与费希特结合在一起，而谁若对此提出抗议——从谢林和黑格尔的视角来看，这部分人主要是保守的康德主义者——那么只不过显示出他的"多余反思"与"抽象知性"。这两位"德国观念论"的先锋完全蔑视当时他们所谓的"反思哲学"（参见 Hegel 2，287 ff.）。

坚定的康德主义者对黑格尔文本的反感主要在于，他在这里对待康德的那种居高临下的宽容姿态，就像在说康德已经相当不错了，但还远远不够。自费希特以来的所有"观念论者"的目标就是驳倒那个命题：人类理性在原则上是有限的。就是说，人们必须竭尽全力消除有限性这个康德的标志，即自在之物与现象的区分；只有这样人们才有希望再次回归到绝对者视角，康德曾将哲学驱逐出这种视角。黑格尔说，再没有比知道自在之物是什么更简单的了，它不过是一个彻底抽象空洞的思想规定，康德自己可能也根本不会反对这一点，但或许会坚持说，不能把思想和认识简单等同起来，就是说，即使人们清楚和理解了"自在之物"指什么，也并没有因此就认识了它所意指的东西。因此，在黑格尔这里和在费希特、谢林那里一样，为了使对康德的批判具有说服力，需要彻底改变对思维和认识概念的解释。当然，后世哲学没有在此追随他们，人们宁愿留在康德这里。康德主义者当然也能够对批判进行批判或对反思进行反思，然而他们有理由认为，这种策略不能引领我们超出理性的有限性。

随着黑格尔的去世，"德国观念论"开始没落，老年谢林也没能阻止这种趋势，他在 1841 年被聘到黑格尔在柏林的教席。后来出现①的"德国观念论的瓦解"这个表述是完全误导的。哲学史的这个阶段并不因为一场灾难而结束，而是因为"德国观念论"的第二代和第三代代表人物相继离世；他们长时间地占据重要教席，构建了很多内容丰富的哲学体系，但至少从世

---

① 这个常用的表达，可能出自弗里德里希·阿尔贝特·朗格（Friedrich Albert Lange），他曾说："德国观念论的瓦解，我们可以确定其年代为 1830 年"，参见 *Die Geschichte des Materialismus*（1875），Bd. 2，Neuausg.，hrsg. und eingel. von A. Schmidt，Frankfurt a. M. 1974，S. 529。这种瓦解——主要涉及黑格尔体系——始终是人们可称为新康德主义创立神话的构成要素；参见 Köhnke，59。

纪中叶开始不再能够主导哲学讨论，在大学的职位竞争中也不再具有优势。

有很多原因导致了这种局面。除了与1848年那场失败的革命前后德意志诸邦国的文化政治相关的非哲学因素（参见 Köhnke 121 ff.），首先要提到的是黑格尔学派分裂为"左派"和"右派"，其中"青年黑格尔派"（包括路德维西·费尔巴哈、布鲁诺·鲍尔、阿诺德·鲁格、卡尔·马克思等）被排挤出大学。另一个原因是（参见 Schnädelbach 1983，89 ff.），谢林和黑格尔的"自然哲学"在自然科学家眼中已彻底名誉扫地；当时，以现代生理学和进化论生物学为代表的自然科学，正试图取得文化领导地位——与历史的精神科学一道，而后者本身与观念论的历史思辨格格不入。这种趋势基于对科学理解的深刻变化，可描述为从体系科学向研究科学的过渡；研究者们对封闭的体系毫无兴趣，对"哲学"体系就更是如此，因为他们旨在推动认识进步。

叔本华哲学的广泛传播，也推动了"德国观念论"的逐渐衰落，他虽然在1818年就已经出版了代表作《作为意志和表象的世界》，但直到1844年以后，通过迟来的第二版及其增补的第二卷才进入大众视野。叔本华以简化形式继承了康德的先验哲学，然而对"德国观念论"的英雄费希特、谢林和黑格尔，1818 年开始就已经只有嘲讽、取笑和辛辣的辱骂。叔本华开启了非理性主义形而上学时代，根据这一派的理论，维系世界本质的，并非一种神圣理性或者甚至黑格尔的绝对精神，而是一种模糊的、无目的的欲望，叔本华称之为"意志"。尼采与生命哲学以及西格蒙德·弗洛伊德（Sigmund Freud）的精神分析，都可算作这个思想传统的延续——直至我们现代：我们今天也像叔本华一样，经常将理性哲学视为平庸浅薄，我们对那些"深刻的东西"具有好感，也就是情绪性的东西、前理性的东西、无意识的东西。

康德运动与新康德主义

对于直至那时还是由"德国观念论"主导的大学哲学来说，当时自然科学的繁荣意味着，它现在有遭到普遍蔑视的危险，并陷入一种深刻的身份认同危机；因此，一部分学者转向当时新兴的所谓精神科学寻找庇护所，以便在那里重组哲学史与"经典作家"的文本语文学，借此继续开展"研究"工作。另一条出路是"回到康德!"。康德主义传统从未彻底中断,但他们在如下事实中找到了新的增长点,即康德自己与自然科学保持着非常紧密的联系,而且他不像"德国观念论"那样想要约束自然科学。叔本华也对康德的认识论报以肯定态度,尽管他拒绝了康德伦理学并发展出一种独立的形而上学,他的这种接受也增强了人们的如下确信:在康德著作中至少包含一种与现代科学性要求协调一致的并因此是合乎时代精神的哲学类型;新康德主义因此才能够"繁荣"起来。

这里无法再度详述这段历史(可参见 Köhnke, Ollig,Pascher 的相关研究),但至少可以指出,它主要以对独断论的新一轮批判为起点。如果说,康德当年面对的是理性主义形而上学提出的未经正当论证的主张,这要求一种彻底的理性批判,那么 1850 年前后的康德运动(人们可以将这场运动视为新康德主义的预备阶段)的代表者们面临一种新的独断论——现在是以哲学家自居的一些自然科学家相信,对最新认识的通俗表述最终能以真正科学的方式解决一切哲学问题。这些所谓"庸俗唯物论者"——马克思和恩格斯如此称呼他们——被像赫尔曼·亥姆霍兹(Hermann Helmholtz)这样谨慎的自然科学家视为江湖骗子,他们根本无法掌握最新的自然科学成果（参见 Köhnke 151 ff.）。当时的主导学科是生理学，通过这门学科人们可以认识到，我们的感官根本无法将世界按其独立于我们的样态加以再现；总有"特殊的感官力量"起作用，这使得我们感官知觉的特性也由各种感觉器官的功能共同决定。这一发现被视为对唯物主义者那种朴素的模写实在论（naiver Abbildrealismus）的反驳，并作为对自在之物与现象的康德式区分的现代辩护；这种以生理学为基础重新激活的批判主义，成为弗里德里希·阿尔贝特·朗格（Friedrich Albert Lange）内容丰富且广泛传阅的《唯物主义史》（1866）的基础，可视为这场康德运动最重要的贡献之一。

在这里，康德主要作为"认识理论家"被重新发现，"认识论"在此处被理解为对现代科学认识的一种无可或缺的、批判的、逻辑的和方法论的补充（参见 Köhnke 59 ff.）。科学与哲学的这种互补关系是真正的新康德主义的一般标志，在这里哲学并没有试图单纯作为历史—语文学学科恢复自己的名誉；两派的新康德主义——马堡学派（赫尔曼·科恩［Hermann Cohen］、保罗·纳托普［Paul Natorp］等）和西南学派（威廉·文德尔班［Wilhelm Windelband］、海因里希·里凯尔特〔Heinrich Rickert〕、埃米尔·拉斯克〔Emil Lask〕等）——都将自身理解为体现"康德精神"的现代体系哲学，但并不受其字面约束，也没有将自己限制在"认识论"上。奥托·李布曼（Otto Liebmann）在1866年写的《康德及其追随者》中驳斥整个"德国观念论"，连叔本华也没有得到宽恕，并且每一章最后都以"因此必须回到康德！"这一句结束，这意味着在康德基础上的一个新开端，就是说，并非仅是历史层面的承袭。

各式各样的新康德主义，自1870年左右开始直至20世纪20年代，都主导着德国大学里的哲学思想，然后它自己陷入被蔑视的窘境。无论是新形而上学家，还是新马克思主义者，都竞相用轻蔑的语气谈论所谓陈腐而索然无味的教授哲学——这种哲学属于已经结束的威廉二世时代，他们认为是时候要用某种充实且具有现实意义的内容对其清算了。但新康德主义以一种变化了的形态在分析哲学中延续了下来——面对蓬勃发展的科学保持谦虚的姿态，并且确信哲学对现代科学文化的贡献并不在于僭越地试图扮演主导角色，而只能在于批判地伴随启蒙精神：也就是康德的精神（参见 Schnädelbach 2000，43 ff.）。

我们与康德的距离

与 19 世纪的新康德主义者一样，我们无法简单地回到康德——仅研究康德的文本并不能为我们提供与我们息息相关且所需的哲学。康德自己就批判那些满足于将哲学史当作哲学的人（参见 Prol A 3）；我们不想成为这样的人。所以我们也必须确定与其著作的历史形态应保持的距离。

《未来形而上学导论》尤其揭示出，康德的认识论对当时科学史的发展状况具有很强的依赖性。他相信数学以及数学的自然科学中确实存在先天综合判断，进而追问其可能性，而在数学哲学的逻辑转向以后，自戈特勒布·弗雷格（Gottlob Frege）以及爱因斯坦的相对论提出以来，只有少数人仍为这种观点辩护。现今学界普遍视数学为分析性的，而时空理论则属于需经验验证的理论物理学的组成部分。与此相应，或许也不存在康德在纲要中构想的"自然形而上学"。

至于说感性与知性的关系，17、18 世纪原子论的感官资料心理学深刻影响了康德在这一问题的思考，按照这种心理学，我们的感觉器官向我们呈送的知觉是未得到整理的质料，然后由思维通过"综合"将它们塑造为经验对象；因此，认识过程被类比于手工业或制造业的生产流程："经验无疑是我们的知性通过处理感性知觉的原始材料所产生的第一个产品。"（A 1）当代研究（特别是格式塔心理学以及现代感知实验）表明，实际的认识过程并非如康德所表述，这些知觉实验表明，我们总是已经在被细化的各种感知场的内在关联中把握个别的东西，以至于那种按照知觉的原子论者的观点应属于第一性的和本源性的东西，实际上已是后续分类和抽象的产物。

将思维理解为通过"综合"对无序之物进行整理，康德的判断理论与对思维这种解释直接相关：判断就其逻辑形式而言，本质上就是一种综合，也就是说，通过系词"是"的主词与谓词的一种联结，确切地说，是那些主词词语和谓词词语所代表的个别表象的联结。判断的综合论可以一直回溯到柏拉图的《智者》，它直到今天还具有决定性影响，尽管弗雷格在《函数与概念》（1891）中就推荐过一种对立模型，人们可以说直到今天大多数专业人士都信服这种模型（参见 Frege 16 ff.）。这种判断理论通过把神秘的系词算作谓词，主词"这朵玫瑰"与谓词"是红色的"之间的关系，不再是两个表象原子之间的关系；不如说，"……是红色的"是一个命题片段，它通过补充像"这朵玫瑰"这样的个别词语，才成为一个完整的因而有意义的命题。根据弗雷格，谓词与主词就像一种"不饱和的"——并因此需要补充——表达，需要彼此补充，或者用数学的语言来说：就像函数与自变数（参见Frege 27）。因此，那种康德明确坚持的判断的传统综合论，也构成他的认识的综合论的背景：

> 赋予一个判断中的各种不同表象以统一性的那同一个机能，也赋予一个直观中各种不同表象的单纯综合以统一性，这种统一性用普遍的方式来表达，就叫作纯粹知性概念。（B 104 f.）

因此，将"不同的表象"视为未经整理的质料就顺理成章了，这个质料是"被给予的"，但必须通过思维赋予其形式，这样我们才能获得可认识的对象。

历史意识的形成使得遵循康德精神的哲学必须经历深刻变革（参见 Schnädelbach 1983，51 ff.）。这里的历史意识不仅指历史的认知，而是指人的意识本身就是历史的，就是说，它具有历史且在其中不断变化。

相反，康德和他所属的关于意识的整个反思传统，讨论的是"一般意识"（Prol A 82），以此表达那样一种确信，即人的基本结构与能力在这个领域里所有人都是一样的，并且实际上是不变的。对"普遍人类理性"的这种信仰，在 19 世纪从根基上受到动摇。除了科学的历史学的越来越精确的研究，正在形成的民俗学也为历史意识的形成做出了重要贡献，它向我们表明，那些看似熟悉的其他时代和文化实际上对我们来说多么陌生。自那以后，如果有谁在人类世界中假设某种非历史的东西，就会被视为缺乏教养的。然而，这样一来就产生相对主义问题，因为如果我们的意识——也就是认识者的意识——与我们希望从历史中认识的东西一样都属于历史，那么我们就在历史性东西的普遍洪流中随波逐流，不再有任何超越历史的先天存在，并因此没有一种超越性的视角能够确定，究竟什么东西曾经真正存在，究竟什么东西现在真正存在。这促使威廉·狄尔泰（Wilhelm Dilthey，1833—1911）借助其《精神科学导论》（参见 Dilthey）重复康德的理性批判计划：现在是作为"历史理性批判"——这是那部 1883 年出版的著作的副标题。

从"纯粹"理性到语言的过渡，或许是康德效应

史中最重要的部分，约翰·格奥尔格·哈曼（Johann
Georg Hamann，1730—1788）在其康德批判《对纯粹
理性之纯粹主义的元批判》（1784）一书中就已经预示
了这种转向；他的观点被约翰·戈特弗里德·赫尔德
（Johann Gottfried Herder，1744—1803）以及后来的威
廉·冯·洪堡（Wilhelm von Humboldt，1767—1835）
采纳并发扬光大。康德和他之前的整个近代哲学一样，
仍然受亚里士多德模型约束，按照这种模型，词语是
在一切人那里都相同的感官印象（*pathémata*）的约定
符号（Aristoteles，De int 16a）；因此，语言是人类创
造的工具，用以就意识中的内容达成共识，而且据说
在相同条件下，所有意识中的内容都完全相同。这里
的关键概念是表象（Vorstellung）——拉丁语 *idea* 的
德语翻译，英语是 *idea*，法语是 *idée*。在这个意义上，
并非首先由康德而是整个近代意识哲学都将逻辑看作
语言的某种预备阶段；不只是感觉、知觉与直观，还
有概念、判断和推理都是"表象"，更确切地说，是表
象之间的联结（参见 B 377）。哈曼及其追随者坚持，
语言对理性来说是无法在被还原的基础元素，因为语
言是"思维的形成器官"（Humboldt 191）；因此他们
就成为所谓语言学转向的早期先驱，也就是，通过路

德维希·维特根斯坦（Ludwig Wittgenstein, 1889—1951）实现的哲学的语言分析转向（关于此可参见 Schnädelbach 1991 I, 68 ff.）。

这一洞见——只有通过哲学的语言分析才可能实现对思维的哲学解释（参见 Dummett 11）——尽管有洪堡的影响存在，但在德语世界里尤其难以获得共鸣；直至20世纪人们主要还是在新康德主义影响下，顽固地坚守一种"纯粹的"、独立于语言的思维概念，因为人们害怕如果将思维交付给自然语言的偶然性，就会让相对性与随机性乘虚而入。事实上，思维与语言的结合确有重复与历史意识相关的相对主义问题的危险，因为有很多种语言，而它们全部都是某种历史地形成的东西。因此，恩斯特·卡西尔（Ernst Cassirer, 1874—1945）的特殊贡献在于，尽管他出身于严格的马堡新康德主义，但仍然表明，人的思维与认识的基础形式是感性形象到意义载体的象征转换，我们不可能通过分析再将它还原到更基础的东西（参见 Cassirer I, 3 ff.）；由此他促成了哲学所谓的符号转向（也可参见 Langer, Goodman）。在这之前，皮尔士已经证明，我们不可能不用符号思维（参见 Peirce I, 175 f.），也就是说，思维本身就是一种符号学过程，自然语言式的语言使用只不过是它的一个事例；但这种思想在我们这里直到 20 世纪 70 年代都还没有引起反响。因此，如果我们想要坚持康德思想，那就需要一种"先验哲学转变"（参见 Apel），它能够解释我们与世界打交道的符号学和语言学条件并使之融入批判哲学，以至于后者将一种最广义上的语法的意义批判置于传统的认识批判之前。

今天的"批判之路"

我们还可以指出很多标志着我们与历史上的康德之间距离的观点——比如，他的那个理论：无条件的应然意识是纯粹实践理性的一个"事实"（参见 KpV A 56 ff.），我们今天在建立道德哲学和法权哲学时必须放弃这种理论。在生物学家看来，自然目的论问题似乎通过功能性解释的逻辑与系统论基本解决，但这里也存在反对的声音——哲学必须系统地建立起来，但并不为此必须建立一个体系，这已是学界的普遍共识；但对康德来说，这就缺乏哲学科学性的一个必要条件。不仅康德对分析判断与综合判断的区别（这构成他理性判断的一个基础）自蒯因（Quine；1908—2000）以来就遭到质疑，还有先天和后天的区分（参见 Quine）：尤其是这种区分应被视为相对的，它总是依赖于各自的语境——这是现代实用主义的一个基本原理，实用主义直到今天都可以视为一个重要哲学路线，而且其影响不限于理论哲学方面。这也构成理查德·罗蒂（Richard Rorty）对康德和康德主义者进行有力批评的背景（参见 Rorty，II）。为什么尽管有如此多的分歧，我们仍应坚持康德思想并以他为榜样呢？

因为我们发现，我们正处于与康德走上批判之路时相同的处境，19 世纪新康德主义者所处的处境也类似——在新的独断论与新的怀疑主义之间进退两难。我们今天的独断主义形而上学是自然主义（参见 Keil；也可参见 Keil/Schnädelbach），它又"欢欣鼓舞地复活了"——不再以机械论唯物主义、生理学或进化论生物学的形式，而是作为脑生理学家的"神经哲学"（参见 Roth/Singer）。如果我们听从他们的意见，那就不再需要认识论，因为脑电流测量可以解释一切，并且可以大胆放心告别责任伦理学，因为意志自由只是大脑本身所产生的幻觉：我们又一次被要求改变"人的形象"。而现代怀疑主义则与休谟无关，因为它表现为一种伪自由主义的相对主义，它将主观任意性（人们最近称它为"后现代的"）混淆为自由，并且将我们康德主义者视为俗气的、过时的和暗藏独裁的。对我们来说，也只剩下"唯一还敞开着"的"批判之路"，我们首先可以通过完全谦虚的反问尝试着走上这条路：如果"神经哲学家"是对的，那么他们又如何解释自己的科学工作怎样运转？毕竟，神经生理学不是一项关于大脑和放电神经元的方案，而是那些一旦当作单纯大脑来对待就会感觉受到冒犯的人所进行的事业。我们也想质问那些盲目乐观的相对主义者，他们的自由概念如何与民主法治国家和立宪国家的原则相协调，他们在日常生活中将这些原则视为理所当然而接受和依赖，因为他们也知道，其他方案都是权力的赤裸裸的假象。

这些只是众多非批判思维的现代形式的例子，它们被怀疑主义的对立立场如影随形地陪伴。康德的"批判之路"作为走出这种困境的出路，今天仍然引领我们按照他的方法论蓝本，进入这样一个领域：解释与重构我们在思维、认识与行动中原则上所要求的东西，并以批判和纠正为目的；因此，我们仍忠实于那个曾被称为启蒙的事业——其未来至今仍充满不确定性。

文　献

康德著作缩略表

A 和 B 分别代表康德著作的第一版和第二版。文中给出的页码在所有版本的康德著作中都可以找到，比如，Log A 25 = 《逻辑学讲义》第一版第 25 页。

在这本书中，A 和 B 不带其他符号单独出现时，总是指《纯粹理性批判》的第一版和第二版。

ANT ＝《一般自然史与天体理论》

APH ＝《实用人类学》

Aufkl ＝《回答这个问题：何谓启蒙？》

Denk ＝《什么叫作在思想中确定方向？》

EFP ＝《一项哲学中的永久和平条约临近缔结的宣告》

GMS ＝《道德形而上学的奠基》

IAG ＝《关于一种世界公民观点的普遍历史的理念》

KpV ＝《实践理性批判》

KU ＝《判断力批判》

Log ＝《逻辑学讲义》（耶舍编）

MAN ＝《自然科学的形而上学初始根据》

MS ＝《道德形而上学》

Mund ＝《论可感世界与理知世界的形式及其原则》

Prol = 《未来形而上学导论》
Rel = 《纯然理性界限内的宗教》
RM = 《论出自人类之爱而说谎的所谓法权》
Verk = 《一项哲学中的永久和平条约临近缔结的宣告》
TG = 《一位视灵者的梦》
ThP = 《论俗语：这在理论上可能是正确的，但不适用于实践》
ZeF = 《论永久和平》

参考文献

Adorno-Theodor W. Adorno: Ästhetische Theorie. In: T. W.
    A.: Gesammelte Schriften. Bd. 7. Frankfurt a. M. 1997.
Apel-Karl-Otto Apel: Transformation der Transzendentalp-
    hilosophie. 2 Bde. Frankfurt a. M. 1973.
Aristoteles, De int-Aristoteles: De interpretatione (Lehre vom
    Satz).
Aristoteles, Met-Aristoteles: Metaphysik.
Böhme/Böhme-Gernot Böhme/Hartmut Böhme: Das Andere der
    Vernunft. Zur Entwicklung von Rationalitätsstrukturen am
    Beispiel Kants, Frankfurt a. M. 1983.
Cassirer-Ernst Cassirer: Philosophie der symbolischen Formen. 3
    Bde. Darmstadt [2]1953.
Delekat-Friedrich Delekat: Immanuel Kant. Historisch-kritische
    Interpretation der Hauptschriften. Heidelberg [3]1969.
Descartes, Abh-Rene Descartes: Abhandlung über die Methode.
    Übers. von A. Buchenau. Hamburg 1922.
Descartes, Med-Rene Descartes: Meditationen. Übers. von A.
    Buchenau. Hamburg 1915.
Descartes, Prinz-Rene Descartes: Die Prinzipien der Philosophie.
    Übers. von A. Buchenau. Leipzig 1908.
Dietz-Simone Dietz: Der Wert der Lüge. Paderborn 2002.
Dietzsch-Steffen Dietzsch: Immanuel Kant. Eine Biographie.

Leipzig 2003.

Dilthey-Wilhelm Dilthey: Einleitung in die Geisteswissenschaften. Kritik der historischen Vernunft. In: W. D.: Gesammelte Schriften. Stuttgart/Göttingen 1920 ff.

Dummett-Michael Dummett: Ursprünge der analytischen Philosophie. Übers. von J. Schulte. Frankfurt a. M. 1988.

Ebbinghaus-Julius Ebbinghaus: Deutung und Mißdeutung des Kategorischen Imperativs (1948). In: J. E.: Gesammelte Aufsätze, Vorträge und Reden. Darmstadt 1968. S. 80 ff., vgl. auch S. 140 ff.

Engels-Friedrich Engels: Ludwig Feuerbach und der Ausgang der klassischen deutschen Philosophie. Sonderausg. Berlin 1960.

Fichte-Johann Gottlieb Fichte: Erste Einleitung in die Wissenschaftslehre. Hamburg 1954.

Franke-Ursula Franke: Ein Komplement der Vernunft. Zur Bestimmung des Gefühls im 18. Jahrhundert. In: Ingrid Craemer-Ruegenberg (Hrsg.): Pathos, Affekt, Gefühl. Freiburg i. Br./München 1981. S. 131 ff.

Frege-Gottlob Frege: Funktion und Begriff. In: G. F.: Funktion, Begriff, Bedeutung. Fünf logische Studien. Hrsg. und eingel. von G. Patzig. Göttingen 1962.

Geier-Manfred Geier: Kants Welt. Eine Biographie. Reinbek 2003.

Gerhardt-Volker Gerhardt: Vernunft und Leben. Stuttgart 2002.

Goethe-Johann Wolfgang Goethe: Werke. Bd. 1. Hamburg 1948 ff.

Goodman-Nelson Goodman: Weisen der Welterzeugung. Übers. von M. Looser. Frankfurt a. M. 1993.

Habermas-Jürgen Habermas: Theorie des kommunikativen Handelns. 2 Bde. Frankfurt a. M. 1981.

Hegel-Georg Wilhelm Friedrich Hegel: Werke in 20 Bänden.

Theorie Werkausgabe. Frankfurt a. M. 1970.

Heine-Heinrich Heine: Geschichte der Religion und Philosophie in Deutschland. In: H. H. : Sämtliche Werke. Bd. 9. München 1964.

Hemminger-Andrea Hemminger: Kritik und Geschichte. Foucault-ein Erbe Kants? Berlin/Wien 2004.

Henrich-Dieter Henrich: Der Begriff der sittlichen Einsicht und Kants Lehre vom Faktum der Vernunft. In: Gerold Prauss (Hrsg.): Kant. Zu seiner Theorie vom Erkennen und Handeln. Köln 1973. S. 223 ff.

Hobbes-Thomas Hobbes: Leviathan (zit. mit Teil, Kapitel, Seitenzahl).

Höffe-Otfried Höffe: Immanuel Kant. München 1983.

Hogrebe-Wolfram Hogrebe: Konstitution. In: Historisches Wörterbuch der Philosophie [HWB]. Basel 1971 ff. Bd. 4. Sp. 992 ff.

Holzhey-Helmut Holzhey: Kants Erfahrungsbegriff. Basel/Stuttgart 1970.

Humboldt-Wilhelm von Humboldt: Werke. Bd. 3 : Schriften zur Sprachphilosophie. Darmstadt 1963.

Ilting-Karl-Heinz Ilting: Hobbes und die praktische Philosophie der Neuzeit. In: Philosophische Rundschau 72 (1964). S. 84 ff.

Irrlitz-Gerd Irrlitz: Kant-Handbuch. Leben und Werk. Stuttgart/Weimar 2002.

Jaeschke-Walter Jaeschke: Zur Genealogie des deutschen Idealismus. In: Andreas Arndt/Walter Jaeschke (Hrsg.): Materialität und Spiritualität. Philosophie und Wissenschaft nach 1848. Berlin 1999. S. 219 – 234.

Jauß-Hans Robert Jauß (Hrsg.): Die nicht mehr schönen Künste. München [2]1968.

Kaulbach-Friedrich Kaulbach: Immanuel Kant. Berlin 1969.

Keil-Geert Keil: Kritik des Naturalismus. Berlin/New York 1993.

Keil/Schnädelbach-Geert Keil/Herbert Schnädelbach: Naturalismus. Philosophische Beiträge. Frankfurt a. M. 2000.

Kersting-Wolfgang Kersting: Pflicht«. In: HWB. Bd. 7. Sp. 405 ff.

Köhnke-Klaus-Christian Köhnke: Entstehung und Aufstieg des Neukantianismus. Frankfurt a. M. 1986.

Kühn-Manfred Kühn: Kant. Eine Biographie. München 2003.

Langer-Susanne K. Langer: Philosophie auf neuem Wege. Übers. von A. Löwith. Frankfurt a. M. 1984.

Leibniz-Gottfried Wilhelm Leibniz: Monadologie.

Locke-John Locke: Versuch über den menschlichen Verstand [Essay on Human Understanding (1689)]. 2 Bde. Berlin 1962 (jeweils zit. nach Buch, Kapitel, Paragraph).

Marquard-Odo Marquard: Anthropologie. In: HWB. Bd. 1. Sp. 362 ff.

Mittelstraß-Jürgen Mittelstraß: Aufklärung und Neuzeit. Berlin/ New York 1970.

Nietzsche-Friedrich Nietzsche: Werke in drei Bänden. Hrsg. von K. Schlechta. München ²1960.

Ollig-Hans-Ludwig Ollig (Hrsg.): Neukantianismus. Texte. Stuttgart 1982.

Pascher-Manfred Pascher: Einführung in den Neukantianismus. München 1997.

Peirce-Charles S. Peirce: Schriften. Übers. von G. Wartenberg. Hrsg. und eingel. von Karl-Otto Apel. 2 Bde. Frankfurt a. M. 1967/1970.

Platon-Platon: Sämtliche Werke. Dt./Griech. Übers. von F. Schleiermacher. Hrsg. von U. Wolf. 4 Bde. Reinbek 1994.

Pries-Christine Pries (Hrsg.): Das Erhabene. Zwischen Grenzerfahrung und Größenwahn. Weinheim 1989.

Quine-W. V. O. Quine: Two Dogmas of Empiricism. In: W. V.
O. Q: From a Logical Point of View. Cambridge 1953.

Rickert-Heinrich Rickert: Kant als Philosoph der modernen
Kultur. Tübingen 1924.

Rorty-Richard Rorty: Der Spiegel der Natur. Eine Kritik der
Philosophie. Übers. von M. Gebauer. Frankfurt a. M. 1981.

Roth/Singer-Vgl. die Beiträge von Gerhard Roth: » Worüber
dürfen Hirnforscher reden-und in welcher Weise? « und Wolf
Singer: » Selbsterfahrung und neurobiologische Fremdbes-
chreibung «. In: Deutsche Zeitschrift für Philosophie 52
(2004). H. 2. S. 223 – 234, 235 – 255.

Schnädelbach 1983-Herbert Schnädelbach: Philosophie in
Deutschland 1831 – 1933. Frankfurt a. M. 1983.

Schnädelbach 1991-Herbert Schnädelbach: Philosophie «, . In:
Ekkehard Martens/Herbert Schnädelbach (Hrsg.):
Philosophie. Ein Grundkurs. 2 Bde. Reinbek [2] 1991. S. 37 ff.
(Neuausg. 2 Bd. [7] 2003.)

Schnädelbach 2000-Herbert Schnädelbach: Unser neuer Neu-
kantianismus. In: H. S. : Philosophie in der modernen Kultur.
Vorträge und Abhandlungen 3. Frankfurt a. M. S. 43 ff.

Schnädelbach 2004-Herbert Schnädelbach: Grenzen der
Vernunft? Über einen Topos Kritischer Philosophie. In: H.
S. : Analytische und postanalytische Philosophie. Vorträge und
Abhandlungen 4. Frankfurt a. M. 2004. S. 90 ff.

Schopenhauer-Arthur Schopenhauer: Die Welt als Wille und
Vorstellung I. In: A. S. : Werke in 10 Bänden. Zürich 1977.

Singer-Marcus George Singer: Verallgemeinerung in der Ethik.
Zur Logik moralischen Argumentierens. Übers. von C.
Langer und B. Wimmer. Frankfurt a. M. 1975.

Strawson-Sir Peter F. Strawson: The Bounds of Sense. An
Essay in Kant's *Critique of Pure Reason*. London 1966.

Tugendhat-Ernst Tugendhat: Selbstbewußtsein und Selbstbestimmung. Frankfurt a. M. 1979.

Weber-Max Weber: Wissenschaft als Beruf. In: M. W. : Schriften 1894—1922. Ausgew. von D. Kaesler. Stuttgart 2002.

评注书目[①]

a) 康德文本的各种版本（均标注原始页码）

Gesammelte Schriften（Taschenbuchversion der Akademie-Ausgabe der veröffentlichten Werke Kants.）Berlin/New York 1968 ff.（权威版本，研究必备；各卷也单独流通。）

Werke（Taschenbuchversion in 12 Bänden der von W. Weischedel herausgegebenen Ausgabe von 1956 – 1964.）Frankfurt a. M. 1977/1996.（每卷都可单独购买。）

Sämtliche Hauptwerke und Kleine Schriften in der Philosophischen Bibliothek des Felix Meiner Verlags Hamburg.（体现最新研究水平的可靠版本，带有导论和注释。）

Die Hauptwerke und die Kleinen Schriften in der Universal-Bibliothek des Reclam Verlags Stuttgart.（物美价廉的版本，主要是适合做教学用书。）

Kant im Kontext III. Hrsg. von Karsten Worm. InfoSoftWare. 4. erw. Aufl. 2017.（几乎是整个科学院版本的电子版，尤因其检索功能具有不可估量的价值。）

Immanuel Kant in Rede und Gespräch. Hrsg. von Rudolf Malter. Hamburg 1990.（辑录同时代人传述的康德言论。）

b) 工具书类

Marcus Willaschek/Jürgen Stolzenberg/Georg Mohr/Stefano Bacin（Hrsg.）: Kant-Lexikon. 3 Bde. Berlin 2015.（内容广博的新编康德百科全书，里面有数量众多的哲学术语、著作和

---

① 这个评注书目由 Michael Oberst 加工修订。所列书目仅限至 2017 年为止可在市面购得的著作。

人物的详细词条。列示相关主题的文本出处与重要文献。)

C. C. E. Schmid: Wörterbuch zum leichtern Gebrauch der Kantischen Schriften (1788). Neudr. mit Einl. und Register. Hrsg. von N. Hinske. Darmstadt 1977. 4. Aufl. 1990 mit Nachwort. (最早的康德工具书；提供原始页码标注。)

Gerd Irrlitz: Kant-Handbuch. Leben und Werk. Stuttgart/Weimar 2002. 2. Aufl. 2010. (一部内容广博的康德工具书，人们可以在其中找到对康德所有著作详细深入的解析。"生平—时代—历程"一章基于时代背景勾勒康德的一生及其哲学轮廓。在"导论"部分中，作者给出了自己独特的康德理解，阅读这一部分需要读者具备一定的基础知识。)

c) 传记类

Manfred Kühn: Kant. Eine Biographie. Übers. von M. Pfeiffer. (Dt. Ausg. von Kant. A Biography. Cambridge 2001.) München 2003. 5. Aufl. 2004. (基于原始资料新撰写的传记，尽管作者筹划的是"康德思想传记"，但仍然详细描述了康德的人生道路；这是在哲学上最完美地体现"传记"一词的含义的著作。)

Manfred Geier: Kants Welt. Eine Biographie. Reinbek[4] 2013. ("最具个人色彩的"新康德传记；既阐明了生活与思想的紧密联系，也使人们明白康德问题意识的现实性从未减弱。)

d) 导论类

Friedrich Kaulbach: Immanuel Kant. Berlin/New York 1969. [2]1982. (专注于康德"批判的先验哲学"的基本问题与结构，探讨康德思想在所谓"前批判"时期的起源，以及它在后期著作中的深化。)

Otfried Höffe: Immanuel Kant. München 1983. [9]2020. (一部已成"经典"的导论性的康德哲学整体描述，它以著名的三个主导问题［参见 B 833］为基础，也兼顾康德哲学至今的发展史与效应史。）

Jean Grondin: Kant zur Einführung. Hamburg 1994.
2019.（以康德的形而上学之可能性问题为主线，并将重点
放在《纯粹理性批判》。）

Volker Gerhardt: Immanuel Kant. Vernunft und Leben.
Stuttgart 2002.（一部问题导向的康德哲学整体描述，它将
"人是什么？"这个问题补充进来，以四个主导问题为线索展
开，旨在开辟出一条"通向康德的新路径"。）

Heiner F. Klemme: Immanuel Kant. Frankfurt a. M.
2004.（这也是一部以三个主导问题为出发点的导论，但它
将重点放在"我应该做什么？"和"我能希望什么？"这两个
问题上。）

Georg Römpp: Kant leicht gemacht. eine Einführung in
seine Philosophie. Köln 2005. 2. verb. Aufl. 2007.

Paul Guyer（Hrsg.）: The Cambridge Companion to Kant
and Modern Philosophy. Cambridge 2006.（一部导论性论文
集，其中论文都出自国际知名的康德研究专家。）

Gottfried Gabriel: Kant. Eine kurze Einführung in das
Gesamtwerk. Stuttgart 2022.

Heiner F. Klemme: Die Selbsterhaltung der Vernunft.
Kant und die Modernität seines Denkens. Frankfurt a. M. 2023.

e) 单独著作评注类

Heinrich Ratke: Systematisches Handlexikon zu Kants
Kritik der reinen Vernunft. Hamburg 1991.

Hans Michael Baumgartner: Kants *Kritik der reinen
Vernunft*. Anleitung zur Lektüre. Freiburg i. Br./München.
[6]2006.

Ralf Ludwig: Kant für Anfänger: Die Kritik der reinen
Vernunft. Eine Lese-Einführung. München [2]1995.

Georg Mohr/Markus Willaschek（Hrsg.）: Immanuel Kant:
Kritik der reinen Vernunft. Berlin 1998.（属于"经典诠释"

丛书，这套丛书还包含对康德其他著作的诠释。）

Otfried Höffe: Kants *Kritik der reinen Vernunft*. Die Grundlegung der modernen Philosophie. München 2004. Pb. 2012.

Holm Tetens: Kants *Kritik der reinen Vernunft*. Ein systematischer Kommentar. Stuttgart 2006.

Julia Wentzlaff-Eggebert: Zur Kritik der reinen Erfahrung. Tübingen 2022.

Alexander Schnell: Zeit, Einbildung, Ich. Phänomenologische Interpretation von Kants » Transzendentaler Kategorien-Deduktion«. Frankfurt a. M. 2022.

Martial Gueroult/Arnaud Pelletier: La Critique de la raison pure de Kant. Paris 2022.

Paul Guyer（Hrsg.）: The Cambridge Companion to Kant and Modern Philosophy. Cambridge 2010.（这是英语世界最重要的《纯粹理性批判》导论。）

Henry E. Allison: Kant's Transcendental Idealism. An Interpretation and Defense. Revised and Enlarged Edition. New Haven 2004.

Béatrice Longuenesse: Kant and the Capacity to Judge. Sensibility and Discursivity in the Transcendental Analytic of the *Critique of Pure Reason*. Princeton 1998.

James Van Cleve: Problems From Kant. New York 1999.

Holger Lyre/Oliver Schliemann（Hrsg.）: Kants *Prolegomena*. Ein kooperativer Kommentar. Frankfurt a. M. 2012.

Georg Mohr: Immanuel Kant: Theoretische Philosophie. 2 Textbände. 1 Kommentarband. Frankfurt a. M. ²2004.（包含《纯粹理性批判》第一版、《未来形而上学导论》以及有关形而上学进展的一些文本［1804, hrsg. von F. T. Rink］，此外还有一卷连贯的评注。）

Jens Timmermann（Hrsg.）: Immanuel Kant: Grundlegung

zur Metaphysik der Sitten. Göttingen 2004. （属于《重要哲学研究文本》丛书，包含导论、文本和解释。）

Dieter Schönecker/Allen W. Wood （Hrsg.）: Kants *Grundlegung zur Metaphysik der Sitten*. Ein einführender Kommentar. Paderborn ⁴2011.

Heiner F. Klemme: Kants *Grundlegung zur Metaphysik der Sitten*. Ein systematischer Kommentar. Stuttgart 2017.

Ralf Ludwig: Kant für Anfänger: Der kategorische Imperativ. Eine Lese-Einführung. München 1995.

Tim Henning: Kants Ethik. Eine Einführung. Stuttgart 2016.

Konstantin Pollok: Kants *Metaphysische Anfangsgründe der Naturwissenschaft*. Ein kritischer Kommentar. Hamburg 2001.

Michael Friedman: Kant's Construction of Nature. A Reading of the *Metaphysical Foundations of Natural Science*. Cambridge 2013.

Giovanni B. Sala: Kants Kritik der praktischen Vernunft. Ein Kommentar. Darmstadt 2004. （对个别基本概念附有说明的一般文本评注。）

Christine Korsgaard: Creating the Kingdom of Ends. Cambridge 1996.

Allen W. Wood: Kant's Ethical Thought. Cambridge 1999.

Ralf Ludwig: Kant für Anfänger: Die Kritik der Urteilskraft. Eine Lese-Einführung. München 2008.

Wolfgang Kersting: Wohlgeordnete Freiheit. Immanuel Kants Rechts-und Staatsphilosophie （1984）. Paderborn: 3., erw. und durchges. Aufl. 2007.

Wolfgang Kersting: Kant über Recht. Paderborn 2004.

Arthur Ripstein: Force and Freedom. Kant's Legal and Political Philosophy. Cambridge 2009.

Reinhard Brandt: Ein kritischer Kommentar zu Kants

Anthropologie in pragmatischer Hinsicht (1798). Hamburg 1999.

Reinhard Brandt: Universität zwischen Selbst-und Fremd-bestimmung. Kants *Streit der Fakultäten*. Mit einem Anhang über Heideggers »Rektoratsrede«. Berlin 2003.

Allen W. Wood: Kant and Religion. Cambridge 2020.

Reinhard Brandt: Immanuel Kant-Was bleibt? Hamburg: 2., durchges. Aufl. 2011.

关键术语

先天—后天 ［a priori—a posteriori］ （为拉丁语，意指：以前就—后来才）与感性经验相关："先天"独立于感性经验，并且不可被感性经验证伪。

刺激 ［Affektion］（源自拉丁语 *afficio*，意指：带有……）与经验到外部或内部刺激的影响的意识相关。

分析论—辩证论 ［Analytik—Dialektik］康德直接使用亚里士多德逻辑学两个主要部分的名称，他将分析论规定为"真理逻辑"，将辩证论规定为"假相逻辑"，即一种伪逻辑。

分析的—综合的 ［analytisch—synthetisch］有关判断类型的定义：分析判断在谓词中仅阐明主词概念中已经包含的东西，而综合判断在谓词中为主词概念添加某种东西。

统觉 ［Apperzeption］字面意思为有意识的知觉

（拉丁语 *perceptio*）；自我意识的另一种表达方式。

感性论的（审美的）/感性论 ［ästhetisch/Ästhetik］在康德这里，这个概念首先"与知觉（希腊语 *aísthesis*）相关"，而在《判断力批判》中用来描述鉴赏判断的特性。

独断论—怀疑论 ［Dogmatismus—Skeptizismus］两种对立的哲学立场，前者不事先对认识能力进行批判的检验就直接建立各种原理（拉丁语 *dogma*），后者则相反，总是保持怀疑（希腊语 *sképsis*）姿态。

经验的—理智的 ［empirisch—intelligibel］涉及两种认识客体的区别，前者只能通过经验（希腊语 *empeiría*）认识，而后者只能通过思维（拉丁语 *intellectus*）认识。

幸福论 ［Eudämonismus］一种哲学立场，这种立场认为最高的道德价值在于幸福（希腊语 *eudaimonía*）。

观念论—实在论 ［Idealismus—Realismus］在康德这里，这两个概念代表两种对立的理论，前者认为我们的认识只涉及我们关于物（拉丁语 *res*）的表象（新拉丁语 *idea*），而不涉及物本身，后者则持与此对立的观点。

理念（观念） ［Idee］在康德的时代，人们将表象称为"观念"（Ideen），康德明确地与这种用法针锋相对，将这个词预留给理性概念"灵魂""世界"与"上帝"。

命令［Imperativ］一种命令，即一种规范性命令或"应当"语句。

直观的—推理的［intuitiv—diskursiv］这两个概念在康德这里涉及如下问题，我们是否具有一些直接的理智洞见，还是我们所有的洞见都只能通过个别思维规定的中介（拉丁语 *discurro* 指"分离、往复运动"）才能获得。康德否认了前者，他认为不存在"理智直观"。

范畴［Kategorie］康德在这里承袭亚里士多德，后者将就某物作出某种陈述（希腊语 *kategoréo* 指"陈述"）的基本方式称为范畴，康德将这个词用作"纯粹"知性概念的名称，一切经验已经以这些知性概念为基础。

绝对的（定言的）—假言的［kategorisch—hypothetisch］简单陈述句与条件句的区别；当涉及命令式时，它们表示无条件的"应然"语句与有条件的"应然"语句的区别。

因果性［Kausalität］广义上指引起、造成（自然因果性与通过自由的因果性），狭义上指经验世界中原因与结果的规律性联结。

构成性的—调节性的［konstitutiv—regulativ］"构成"在康德这里意味着对无规定者的规定，就是说，将感性的经验材料规定为经验对象；作为直观形式的空间与时间以及知性概念参与其中。相反，理性概念（理念）只具有一种调节性的且因此是整理、调节和组织个别经验的功能。

合法性—道德性［Legalität—Moralität］表示行为的如下区别：只是合乎合法义务，抑或同时"出于义务"，即出于"对法则的敬重"，而无其他原因。

形而上学［Metaphysik］这个词原本是亚里士多德第一哲学的名称，这个部分处理超出物理学范围的东西，也就是一般存在者的普遍原则；在康德这里，这个词指"从单纯概念出发的纯粹理性认识"（MAN A 7），也就是一种先天知识，因为它是先天的，所以具有经验知识所没有的普遍性与严格必然性特征。

现象—本体［Phaenomen（on）—Noumenon］在康德这里，用于区分经验现象（希腊语 *phainomai*——显相、显现）与仅凭理性把握的理智对象（希腊语 *noûs*）。

理性主义（唯理论）—经验主义 [**Rationalismus—Empirismus**] 这两个概念涉及如下争论，理性（拉丁语 *ratio*）是否为表象（*ideae*）和认识的独立源头；经验论对之予以否定，并将思维理解为仅是对感性被给予物的运作。

综合 [**Synthesis**]（希腊语 *syntíthemi* 指"组成、合并、编排"）指产生一种联结；康德认为这是思维的基本功能。

目的论 [**Teleologie**] 按照这种理论，世界是由客观目的（希腊语 *télos*，指"终点、目的、目标"）组织和规定的。

超验的—先验的 [**transzendent—transzendental**] 这两个概念最经常被混淆（而且有时是康德自己造成的）。其基本含义是"超越"（拉丁语 *trans* [*s*] *cendo*）。"超验的"指一切在认识中超出可能经验的界限并因此产生出虚假认识（先验幻相）的东西；相反，康德将不针对任何认识对象的研究，而仅涉及我们的对象认识的形式、其可能性以及根据的研究称为先验的。在这个意义上，批判哲学是"先验哲学"。

康德年表

1724　4月22日，伊曼努尔·康德出生于哥尼斯堡一个皮革匠家庭，排行第四。

1730—1732　就读于城郊医院附属学校。

1732—1740　就读于虔信派腓特烈学院。

1740—1746　在哥尼斯堡大学学习哲学、数学和自然科学。康德没有住在父母家里，而是做家教赚取生活费。

1746　首部出版物《活力测算考》；康德决定走学术道路。

1746—1755　在东普鲁士不同家庭做家庭教师。

1755　返回哥尼斯堡大学并获得硕士学位；作为编外讲师获得授课许可。此后讲授不同领域的课程，继续发表著作。

1765　康德获得助理图书馆员职位，这是他的第一个固定职位，此前他只是靠授课费生活。他曾在 1764 年拒绝为他提供的文学教授职位。

1769　康德拒绝了耶拿和埃尔朗根的职位。

1770　被聘为哥尼斯堡大学形而上学与逻辑学教席教授，为此发表了《论可感世界与理知世界的形式及其原则》。此后进入"沉默期"。

1781　《纯粹理性批判》。

1783　《未来形而上学导论》。

1785　《道德形而上学的奠基》。

1786　《自然科学的形而上学初始根据》。

1787　《纯粹理性批判》第二版。康德第一次拥有自己的房子。

1788　《实践理性批判》。

1790　《判断力批判》。

1793　《纯然理性界限内的宗教》；因为这部著作，1794 年康德被禁止在"宗教方面"发表任何东西。

1795　《论永久和平》。

1796　结束教学生涯；自那以后一直写作所谓《遗作》，致力于探讨从自然形而上学到物理学的过渡。

1797　《道德形而上学》。

1798　《系科之争》与《实用人类学》。

1800 　《逻辑学》（G. B. Jäsche 编）。

1802 　《自然地理学》（F. T. Rink 编）。

1804 　1799 年开始，康德的身心状态逐渐衰退，加之在 1803 年生了一场大病后，于 2 月 12 日去世，并于 2 月 28 日举行隆重葬礼。